Jack Becklund, geboren 1938 in Michigan, verbrachte die ersten vier Jahre seines Lebens in Grand Marais, Minnesota. Nach der Schulzeit in Detroit Lakes studierte er Werbewirtschaft und arbeitete dreizehn Jahre lang bei einer großen Agentur in Milwaukee. Eine zweite Karriere als Zeitungsredakteur und Verleger begann 1973 in Destin, Florida. 1988 verließ er Florida und kehrte nach Minnesota zurück, wo er die Wochenzeitung Cook County News Herald übernahm und mit Bären Bekanntschaft machte. Nach sieben Bärenjahren in Minnesota kehrte er 1995 nach Florida zurück. Er lebt heute mit seiner Frau Patti, ihren vier Katzen und ihrem Hund in New Smyrna Beach und arbeitet an einem weiteren Buch über die Tiere in Minnesota. Ein Roman über den Yellowstone Park ist derzeit in Vorbereitung.

W0172862

JACK BECKLUND

BÄRENJAHRE

*Das Erlebnis einer
ungewöhnlichen Freundschaft*

*Aus dem Amerikanischen
von Gabriele Räbiger*

**NATIONAL
GEOGRAPHIC**

*Ein Buch der Partner
Goldmann und National Geographic Deutschland*

Die amerikanische Originalausgabe erschien 1999 unter dem Titel
»Summers with the Bears. Six Seasons in the Minnesota Woods«
bei Hyperion, New York.

Titelfoto, oben: Getty Images, Daniel J. Cox
Coverfoto, hinten: Petra Dorkenwald, München
Alle weiteren Fotografien stammen vom Autor und seiner Frau Patti.
Die Illustrationen erstellte Karralee Hammes.

SO SPANNEND WIE DIE WELT.

Dieses Werk erscheint in der Taschenbuchreihe
NATIONAL GEOGRAPHIC ADVENTURE PRESS
im Goldmann Verlag, München.

1. Auflage September 2002, deutsche Erstausgabe
Copyright © 2002 der deutschsprachigen Ausgabe
NATIONAL GEOGRAPHIC ADVENTURE PRESS
im Goldmann Verlag, München,
in der Verlagsgruppe Random House GmbH
Copyright © 1997 Jack Becklund
This translated edition published
by arrangement with Hyperion
Alle Rechte vorbehalten
Lektorat: Susanne Meyerhöfer, München
Umschlaggestaltung: Maria Seidel, Altötting
Herstellung: Sebastian Strohmaier, München
Satz: Uhl + Massopust, Aalen
Druck und Bindung: Clausen & Bosse, Leck
ISBN 3-422-71131-2
Printed in Germany

Das Papier wurde aus chlorfrei gebleichtem Zellstoff hergestellt.

*Dieses Buch ist meiner Frau Patti gewidmet,
meiner gleichwertigen Partnerin und Hauptakteurin
in diesem Abenteuer. Ohne ihre persönlichen Bemühungen
wären uns diese erstaunlichen Bären Unbekannte geblieben
und diese, von ihnen handelnde Erzählung nicht in Worte
gefasst worden.*

Inhalt

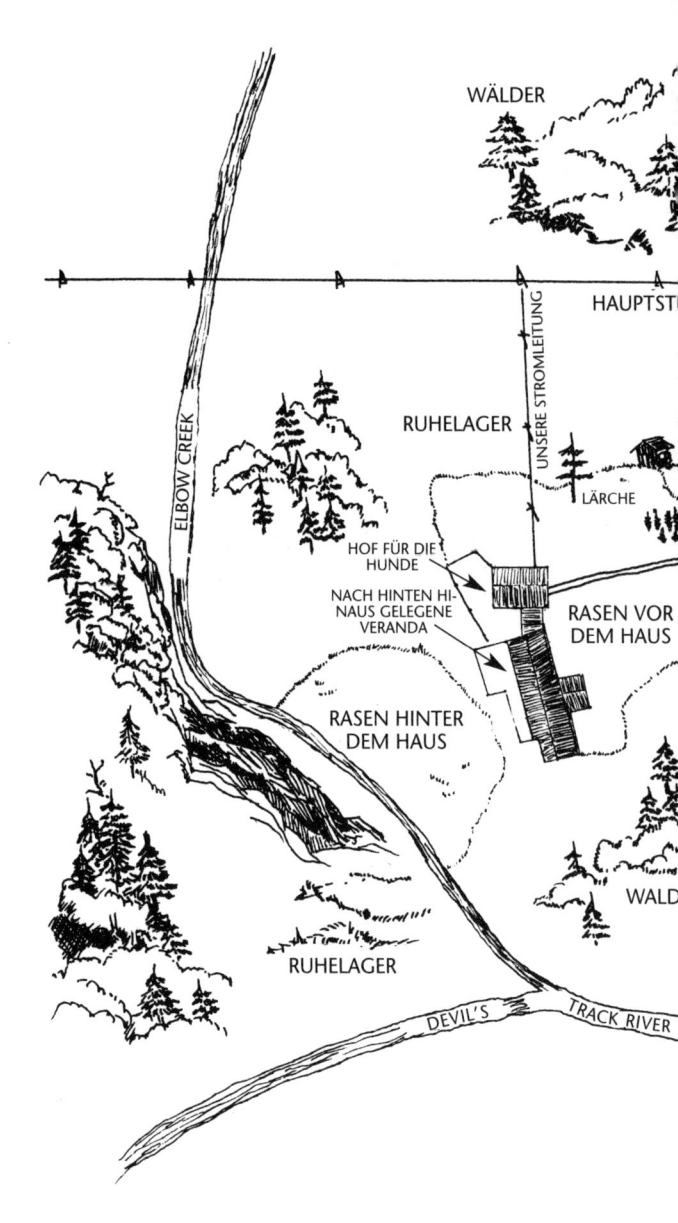

WÄLDER

HAUPTST

ELBOW CREEK

RUHELAGER

UNSERE STROMLEITUNG

LÄRCHE

HOF FÜR DIE HUNDE

NACH HINTEN HI-NAUS GELEGENE VERANDA

RASEN VOR DEM HAUS

RASEN HINTER DEM HAUS

WALD

RUHELAGER

DEVIL'S TRACK RIVER

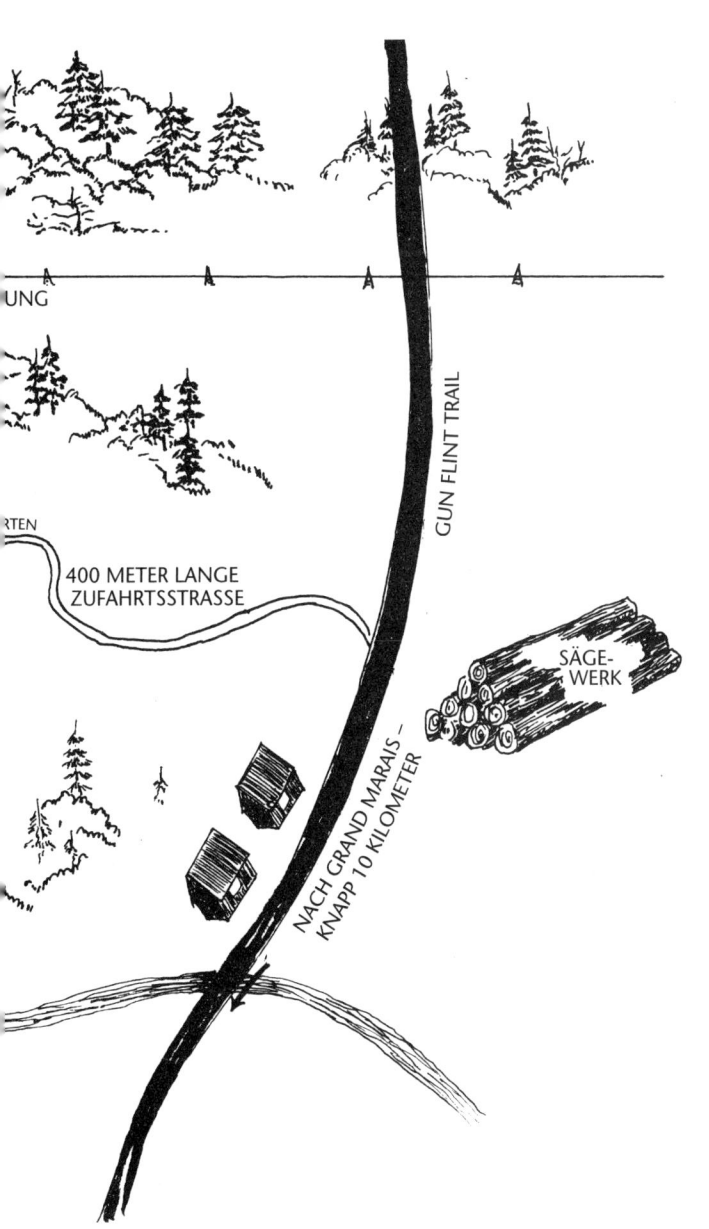

UNG

400 METER LANGE
ZUFAHRTSSTRASSE

RTEN

GUN FLINT TRAIL

SÄGE-
WERK

NACH GRAND MARAIS –
KNAPP 10 KILOMETER

Einleitung

Am Abend des 8. Juli 1988 erreichten wir unser neues Zuhause am Elbow Creek, am nördlichen Ufer des Lake Superior, dem Oberen See. Wir rollten unsere Schlafsäcke auf dem Fußboden des Wohnzimmers aus und schauten zu den Sternen hinaus, die langsam im Zwielicht durch das Fenster hindurch sichtbar wurden. Gegen 23 Uhr, ich konnte nicht schlafen, öffnete ich die gläserne Schiebetür und trat auf unsere hintere Veranda hinaus. Dort stand ich und lauschte dem Murmeln des Baches, dem leisen Rascheln der Blätter, dem Knacken eines verschentlich gebrochenen Astes im Wald und dem weit entfernten Heulen eines Kojoten. Ich lächelte in mich hinein, wohl wissend, warum ich nach so vielen Jahren in dieses abgelegene Land zurückgekehrt war.

Mancher mag diesen Umzug als eine Veränderung in unserem Leben bezeichnen, eine seltene Änderung des Lebensstils. Solch eine Veränderung wäre jedoch bedeutungslos gewesen, wenn wir uns nicht den neuen Möglichkeiten geöffnet hätten, die sich dadurch ergaben. Durch unseren Umzug nach Elbow Creek, das inmitten von Wäldern liegt, hatten wir uns in die Heimat der Bären begeben, die diese Geschichte ermöglichten. Doch wir mussten sie an unserem Leben teilhaben lassen. Wir mussten Zeit darauf verwenden, etwas über ihre Welt zu lernen.

Meine Frau Patti und ich sind zu der übereinstimmenden Auffassung gelangt, dass keiner von uns allein dazu in der Lage gewesen wäre. Wir hätten verständlicherweise nicht den Mut gefunden, auf die Bären zuzugehen. Gemeinsam allerdings, durch gegenseitige Unterstützung, haben wir sowohl den Mut als auch das Interesse gefunden, das uns sieben Jahre lang diese Geschichte erleben ließ.

Nachdem wir die lokale Tageszeitung gekauft hatten, schrieben Patti und ich während der Wintermonate Kolumnen über Little Bit oder einen der anderen Bären und berichteten darin über irgendeine interessante Beobachtung, die wir gemacht, oder über ein Abenteuer, das die Bären erlebt hatten. Die meisten Leser liebten diese Geschichten und teilten uns das in ihren Briefen mit oder sprachen uns am Postschalter oder im Lebensmittelladen darauf an. Auf den Vordrucken zur Verlängerung des Abonnements, die wir verschickten, war etwas Platz für Leserkommentare vorgesehen. Viele erwähnten, wie sehr sie die Bärengeschichten und die Fotos begeisterten. »Berichtet weiter über die Bären«, forderten sie uns auf.

Doch wir konnten auch immer noch Zweifel in den Augen einiger unserer Leser entdecken. Hatten wir wirklich gesehen, wie die Bären dieses und jenes taten, oder machten wir ihnen nur was vor? Waren wir tatsächlich draußen Seite an Seite mit wilden Bären gesessen? Hatten sie sogar angefasst?

Damals wusste es noch niemand, aber wir verbrachten jeden Tag wahrscheinlich zwei oder drei Stunden und manchmal auch wesentlich länger damit, die Bären zu beobachten, und das ungefähr vier Monate lang jeden Sommer. Man lernt eine Menge über sie, wenn man sie ständig beobachtet.

Obwohl wir keine erfahrenen Naturwissenschaftler sind, haben wir ausgiebige Literaturstudien betrieben und persönlich tausende von Stunden damit zugebracht, die Bären und andere Tiere zu beobachten, über die wir geschrieben haben.

Natürlich haben wir keine wissenschaftlichen Methoden beim Studium dieser Bären angewandt. Sie wurden nicht mit Betäubungspfeilen ruhig gestellt, in Fallen gefangen, sediert oder durch einen Funksender im Halsband auf dem Monitor überwacht. Stattdessen setzten wir unseren gesunden Menschenverstand ein, eine sanfte Berührung und freundschaftliche Absicht. Doch Wissenschaftler oder nicht, es ist unmöglich, ein Tier zu beobachten, ohne dabei eine Veränderung in dessen Verhalten zu verursachen. Die bloße Tatsache der Anwesenheit ist eine Belästigung, die das Schicksal des Tieres verändern kann.

Schließlich vernarrten wir uns in mehrere der Bären, über deren Besuch wir in einer Zeitschrift erzählten und sie mit unseren Kameras dokumentierten. Mag sein, dass sie nur auf der Suche nach schmackhaften Sonnenblumenkernen zu uns gekommen sind, doch sie verstanden uns und blieben, weil sie uns vertrauten und unsere Gesellschaft schätzten.

Im Laufe der Jahre äußerten Skeptiker die Befürchtung, dass wir den Bären durch unsere Einmischung in ihr Leben die Furcht vor dem Menschen nehmen könnten, wodurch sie entweder für das Leben in freier Wildbahn untauglich oder gefährlich werden könnten.

»Haben Sie denn keinen Verstand?«, fragte ein ewiger Neinsager. »Bären sind gefährlich. Sie töten Menschen. Sie suchen wohl die Schwierigkeiten?«

Ein anderer meinte: »Sie verderben sie. Sie werden glauben, alle Menschen seien freundlich gesinnt, und dann werden sie getötet.«

Alle Bären, die wir kannten, waren gute Selbstversorger und in der Lage, sich ohne unsere Hilfe zu ernähren. Nichts, was wir taten, machte sie für ihr Leben in den Wäldern untauglich. Und ihr Vertrauen in uns übertrugen sie auch nicht auf andere. Wenn sie mit einem Fremden konfrontiert waren, auch auf unserer vertrauten rückwärtigen Veranda oder der Wiese hinterm Haus, flüchteten sie stets in die Wälder. Sie waren scheu und leicht in Furcht zu versetzen, wobei sie die Flucht jeder Art von Konflikt vorzogen.

All die Bären, die wir beobachteten, waren starke, kraftvolle Tiere, die nur gelegentlich Meinungsverschiedenheiten zu klären und noch seltener einen Kampf untereinander auszufechten hatten, uns gegenüber jedoch niemals aggressiv oder gefährlich wurden. Es ist wahr, dass Menschen von Bären getötet wurden, doch auch Hunde töten Menschen. Die wenigen Todesfälle, die auf Schwarzbären zurückzuführen sind, ereigneten sich in der Regel in Ausnahmesituationen in abgelegenen Gebieten. Wir nehmen an, dass die Bären Hunger litten, gereizt wurden oder möglicherweise an einem chemischen Ungleichgewicht oder an geistiger Instabilität litten. Wir haben von den äußerst seltenen »verrückten« Bären gelesen und können uns vorstellen, dass es sie möglicherweise gibt.

Man kann Bären in Bezug auf ihre Persönlichkeit oder ihr Verhalten, ja sogar in Bezug auf ihren Intellekt nicht über einen Kamm scheren. Sie sind so einzigartig und individuell wie die Menschen. Die meisten Bären sind sanftmütig und klug. Doch wir würden uns niemals einem fremden Bären nähern und auch anderen raten, ebenso Vorsicht walten zu lassen.

Letzten Endes können wir Ihnen nur berichten, was wir selbst er- und gelebt haben. Sie dürfen sich selbst ein Urteil bilden. In jenen sieben Jahren haben wir noch mit vielen anderen Tieren Freundschaft geschlossen – mit Rotwildherden, Waschbären, Backenhörnchen, einem Raben und einem Waldhuhn – doch, was nun folgt, ist im Wesentlichen die Geschichte unserer Bärenjahre, der sechs Sommer, die wir in ungewöhnlicher Freundschaft mit Little Bit und den übrigen Bären verbracht haben.

Rückkehr nach Minnesota

Im Sommer 1988 machten Patti und ich uns von Destin, Florida, auf, um im Nordwesten Minnesotas neu zu beginnen. Sie finden Destin im *Pfannenstiel* genannten Nordwesten Floridas als einen winzigen Punkt auf der Landkarte, auch wenn Sie – nach den Hochhäusern zu urteilen, die sich meilenweit an den Stränden des Golfs hinziehen – jede Wette eingehen würden, dass es sich um eine geschäftige Stadt handelt, die zuzeiten über 30 000 sonnenhungrige Touristen beherbergt.

Unser Ziel war Grand Marais am Nordufer des Lake Superior. Es zeigt sich ebenfalls als kleiner Punkt auf der Landkarte, aber dort enden die Gemeinsamkeiten der beiden Städte auch schon. Grand Marais besitzt eine Ampel, keine Sandstrände, mehrere Dutzend Touristenherbergen, einige kleine Motels und 1100 Einwohner, einschließlich meiner ungefähr 20 Onkel, Tanten, Cousins, Neffen und Nichten.

Grand Marais war der Ort, an dem mein Großvater Carl Oscar Wurzeln schlug, nachdem er um die Jahrhundertwende aus Schweden eingewandert war. Ich nehme an, dass er wie die meisten Schweden und Norweger, die sich dort niederließen, an seine alte Heimat erinnert wurde. Es ist ein kalter, unwirtlicher Ort. Gerade, wenn man meint, in den Genuss von Wachstum und Wohlstand zu kommen, dann sorgen ein oder zwei böse Winter – oder vielleicht auch ein Sommer mit beständigem Nebel und

Regen – dafür, dass der Überschuss aufgezehrt wird und Neuankömmlinge wieder ihre Siebensachen packen. Minnesota ist an sich ein kaltes Land, doch im Frühling und Frühsommer, wenn das Thermometer im übrigen Teil des Landes auf 15 Grad steigt, bleibt es in Grand Marais wahrscheinlich bei nur 5 oder 8 Grad stehen.

Doch obwohl meine Eltern sich während des Zweiten Weltkriegs zu den Schiffswerften von Superior, Wisconsin, und weiter südlich auf den Weg machten, habe ich stets eine starke Verbundenheit zu dem Ort verspürt. Ich war erst fünf, als sie umzogen, und so stammen meine Eindrücke von Grand Marais von meinen Besuchen dort, die ich unternahm, während ich in Detroit Lakes im Westen Minnesotas heranwuchs.

Grand Marais war der Ort, an dem ich in einem versteckt gelegenen Bach meine erste Bachforelle fing, und an dem ich auf dem Lake Superior in dem alten Fischerboot meines Vaters mit der Schleppangel nach Seeforellen fischte. Es war der Ort, an dem wir im August angenehm kühl unsere Sommerferien verbrachten und im Februar auf Skiern den Berg hinuntersausten. Doch vor allem war es der Ort der Wildnis, an dem Elche und Wölfe zu Hause waren, und an dem sich die Phantasie noch eine Andeutung von Gefahr erhalten konnte.

Das erste Mal, als ich meiner Frau Patti gegenüber die Idee äußerte, nach Minnesota zu gehen, war ich 48 und bereits 15 Jahre im Zeitungsgeschäft in Florida tätig; Patti und ich saßen gerade bis zur Taille in unserem Pool und genossen den für Florida typischen, milden und von balsamischem Duft erfüllten Abend. Patti, eine Mischung aus sizilianischem und frankokanadischem Ursprung, ist sechs Monate jünger als ich. Die Art und Weise, wie sie kocht, putzt und sich bewegt, lässt erkennen, dass sie mit Schwung durchs Leben geht.

»Das ist nicht dein Ernst«, war Pattis besorgte Reaktion.

Doch nach zwei Herbsturlauben inmitten der farbenprächtigen Ahornbäume und Zitterpappeln, angeregt durch die frische Luft, änderte sie ihre Meinung. Schließlich fassten wir unseren Entschluss mit ihrer eifrigen Unterstützung und machten uns mit genügend Geld für ein Haus und einen langen Studienurlaub sowie dem festen Vorsatz, ernsthaft etwas zu Papier zu bringen, auf den Weg in den Norden.

Der Umzugswagen war vorgefahren und wieder verschwunden, während wir unsere schwarze Labradorhündin, Ramah, und unsere vier Hauskatzen aus der Wildnis von Destin in unseren Cherokee Jeep luden, 1,5 mal 2,5 Meter Wohnanhänger ankuppelten und dann Richtung Norden in den heißesten Tag des Sommers hineinfuhren.

In Birmingham waren es 39 Grad, und hinten im Jeep, wo zwei der Katzen kurz vor dem Exitus zu sein schienen, war die Temperatur kaum geringer. Wir hielten an einem Autobahnrastplatz und packten um, damit die Tiere durch die Klimaanlage in den Genuss einer stark verbesserten Luftzirkulation kamen. Südlich von Nashville waren es 40 Grad und wir fühlten uns wie im Inneren eines Ofens.

Am Nachmittag des dritten Tages erreichten wir schließlich Duluth. Die Luft, die vom See herüberwehte, war mit 16 Grad regelrecht frisch. Wir zogen unsere Sweatshirts über, öffneten die Fenster, stellten die Klimaanlage auf dem letzten Streckenabschnitt ab und fuhren dem »Shore« entgegen, wie das Nordufer des Lake Superior genannt wird.

Im Norden Minnesotas hatte es in jenem Sommer eine Dürreperiode gegeben, die massive Furcht vor Waldbränden hatte entstehen lassen. Der Staub war förmlich in der Luft zu riechen. Die reißenden Bäche, die im April, als wir durch das Gebiet gefahren waren, fröhlich in den Lake Superior rauschten, waren nun praktisch ausgetrocknet. Ich fragte mich, wie und ob die Fische überleben konnten. Und ich begann, mir Sorgen darüber zu machen, ob der Elbow Creek, der Bach hinter dem Spitzdachhaus, das wir am nächsten Morgen zu kaufen beabsichtigten, möglicherweise nun trocken sei.

Wir bogen vom Gun Flint Trail auf die 400 Meter lange Zufahrtsstraße ein und fühlten uns durch dieses liebliche Sommerwetter gesegnet. Wiesenteppiche aus weißen, gelben und orangefarbenen Blumen lagen zwischen Straße und Wald. Vor uns stand rückwärts vor der Garage ein großer, gemieteter Möbeltransporter. Zwei Männer, groß und kräftig, kamen um den Wagen herumgelaufen, um zu sehen, wer da vorfuhr. Es waren Stan Hedstrom, dem das Haus gehörte, der aber nach Kalifornien zog, und Stans Bruder Ed, der unser neuer Nachbar wurde. Die Männer waren beide rotblond und über 1,80 Meter groß, wogen gut 90 Kilogramm und hatten die rötliche Gesichtsfarbe eines einst hellen schwedischen Teints, der Sonne, Wind und Wetter ausgesetzt worden war. Stan, der einen buschigen Schnurrbart trug, war um die 40, während der vollbärtige Ed ein paar Jahre jünger war. Sie sprachen in dem für den nördlichen Teil von Minnesota typischen Tonfall.

Die Hedstrom-Brüder gehörten einer Familie an, die vor 75 Jahren mit einer Sägemühle angefangen hatte. Das Mühlengeschäft florierte und wurde nun in dritter Generation geführt; es lag gegenüber unserer Zufahrtsstraße auf ungefähr 160 000 Quadratmetern auf der anderen Seite des Gunflint Trail. Trotz der schweren Maschinen und des Lastwagenverkehrs störte uns das Sägewerk nie. Die Wildtiere ignorierten es ganz einfach.

Nachdem wir uns versichert hatten, dass der Bach noch ausreichend Wasser führte, machte Stan mich mit den mechanischen Aspekten des Hauses vertraut, insbesondere mit dem Holzofen, der das Haus beheizte, und dessen eigenartige Funktionsweise uns in den nächsten Wintern in Angst und Schrecken versetzen sollte. Zusammen mit dem Holzofen erhielten wir einen halben Anhänger voller Holzscheite. Da sie ein Abfallprodukt aus der Sägemühle waren, die praktischerweise gleich nebenan lag, war ihre Verbrennung eine extrem kostengünstige Art, das Haus zu heizen.

Das Gespräch schwenkte über zu den Wundern der unberührten Natur um uns herum.

»Ihr hättet mal die Elchfamilie sehen sollen, die wir hier vor einigen Jahren zu Besuch hatten«, sagte Stan. »Sie lagen direkt dort vor dem Fenster, und manchmal versperrten sie auch die Zufahrt, sodass wir um sie herumkurven mussten. Einmal, als meine Frau meiner Tochter gerade die Haare kämmte, schaute ein Elch zum Fenster herein. Sie sind sehr neugierig, müssen Sie wissen.«

Aus irgendeinem Grund dachte ich an Bären. Ich hatte große Angst vor ihnen, die ich auch Patti einzuimpfen versuchte. »Gab es irgendwelche Probleme mit Bären?«, fragte ich.

Er zuckte die Achseln. »Wir hatten einen Komposthaufen und den nahmen sie auseinander.«

Im Geiste strich ich die Idee der Kompostierung, während das Gesprächsthema zur Rotwildjagd, zum Fischen und natürlich zum Wetter wechselte. Schöne Tage, windige Tage, Schneetage, Tage voller Sonne – auf diese Weise wird im Norden Minnesotas ein Gespräch angeknüpft. Irgendwie steht das Wetter immer im Mittelpunkt bei allem, was man tut.

Die Hedstroms hatten soeben ihre letzten Habseligkeiten aufgeladen und überließen uns freundlicherweise mit unseren Tieren und Schlafsäcken das Haus, obwohl es uns erst am nächsten Morgen gehörte.

Später, als ich auf dem harten Boden in meinem Schlafsack lag und nicht schlafen konnte, dachte ich über Bären nach. Zu jener Zeit und auch noch einige Zeit danach hatte ich bestimmte Vorstellungen von unseren pelzigen Freunden.

Zu Anfang waren sie von meinem Vater geprägt, der in Grand Marais aufgewachsen war. Er war ein ausgezeichneter Jäger und ein Mann der Wildnis, der die Ansicht vertrat, dass Bären am nützlichsten waren, wenn sie als Bärenfell den Fußboden zierten. Zu seiner Zeit wurden Bären routinemäßig geschossen, weil sie ein Ärgernis darstellten, oder zufällig auch als Ziele bei der alljährlichen Rotwildjagd. Eine solche Ansicht vertraten auch die Jagdzeitschriften und Bücher, die ich als Junge las. Hier ein Zitat aus dem *Complete Book of Hunting*: »Hungrige Bären sind rücksichtslos zudringlich und sehr gefährlich. Ihr Verhalten ist zu allen Jahreszeiten unberechenbar.«

Ich erinnere mich an einen Tag, ich war zehn Jahre alt und saß draußen auf den Treppenstufen vor einem Haus im Ostteil von Duluth, als ein Bär die Fahrbahn heruntergelaufen kam. Er wurde von mindestens einem Dutzend Hunden aller Größen verfolgt, hinter denen wiederum zahlreiche junge Männer und die Polizei herliefen. Der Bär wurde in einer freien Waldparzelle auf der anderen Seite der Straße getötet, während ich eine strenge Lektion über ihre Gefährlichkeit erhielt.

Zu diesem Basiswissen in Tierkunde kommt noch ein Großteil eigener Erfahrungen hinzu, die ich vier Sommer lang in dem Gebiet, in dem Bären das größte Verkehrschaos anrichten, dem Yellowstone Park, sammeln konnte. Niemand kann einen Sommer in Yellowstone verbringen – geschweige denn vier – ohne zu bestimmten Überzeugungen in Bezug auf Bären zu gelangen.

Ich kann sagen, dass ich mir über die Unterschiede zwischen Grizzlybären und Schwarzbären wohl im Klaren bin. Der

Grizzly ist wirklich ein fürchterliches Tier, und ich habe gesehen, was er mit Autos und Abfall anstellen kann. An einem Abend begleiteten zwei Freunde vom Canyon Hotel und ich den Ranger zu der alten Müllkippe im Hayden Valley zwischen dem Yellowstone Canyon und dem Yellowstone Lake. Diese Müllkippe war sicher mit einem Vorhängeschloss verriegelt und abgesperrt, um Touristen fernzuhalten. Wir kamen in der Abenddämmerung an und beobachteten, wie Grizzlybären, so groß wie Volkswagen, vorbeizogen. Ein großer Bär blieb stehen, schaute in das Innere unseres Wagens, richtete sich dann ungefähr drei Meter hoch auf und schüttelte unser Gefährt hin und her. Wir fühlten uns wie die Zutaten in einem riesigen Mixer.

Während meines zweiten Sommers im Park ging ich allein zum Angeln an einen Forellenteich gut drei Kilometer von der Straße entfernt in der Nähe von Mount Washburn. Der See war klein, er hatte einen Durchmesser von etwa 400 Metern. Ich angelte am Ufer entlang und befand mich unversehens am anderen Ende des Sees, weit entfernt von dem Pfad, der zurück zur Straße führte. Ich schaute auf und sah einen schwarzen Bären auf der gegenüberliegenden Seite des Sees. Zu Anfang nahm ich kaum Notiz von ihm. Doch der Bär zog weiter am Ufer entlang, bis er nur noch knapp 100 Meter entfernt war. Ich setzte mich in Bewegung und arbeitete mich bis zum Pfad vor, der zur Straße führte. Der Bär blieb mir auf den Fersen. Ich zog mich auf dem Pfad zurück, bis ich mich knapp 200 Meter vom See entfernt hatte. Der Bär erreichte den Pfad und folgte mir weiter. Ich hatte keinen Fisch und nichts Essbares bei mir, doch der Bär schien sehr interessiert zu sein. Ich folgte einer Biegung des Pfades und setzte dann zu einem Sprint an, den ich für die nächsten drei Kilometer beibehielt, wobei ich einen persönlichen Rekord aufstellte. Gott sei Dank sah ich den Bären nie wieder.

Und nun schien es so, als hätte ich, als Erwachsener, möglicherweise sogar noch Furcht einflößendere Geschichten zu erzählen. Gleich eine Woche, nachdem wir das Haus am Elbow Creek gekauft hatten, wurden Stans Frau und seine beiden Töchter für kurze Zeit in einer Hütte am Devil's Track Lake festgesetzt, als ein Bär durch das Fenster hereinkam und sich daranmachte, in der Küche auf der Suche nach einem Abendessen herumzustöbern.

Wir lebten über ein Jahr lang in den nördlichen Wäldern von Minnesota, ohne einen Bären auf unserem Grundstück zu sehen. Wir sahen Rothirsche und drei junge Waschbären und freundeten uns mit ihnen an. Wir sahen Elche und einen amerikanischen Wolf auf dem Hof vor unserem Haus. Aber keine Bären. Nach den »Bärenbeschwerden« zu urteilen, die wir dem Bericht des Sheriffs aus unserer örtlichen Tageszeitung entnehmen konnten, schienen sie woanders aktiv zu sein.

Bis uns der erste Räuber im August 1989 um Mitternacht seinen Besuch abstattete.

Es war eine jener heißen Nächte, in denen es auch bei offenem Fenster am angenehmsten ist, ohne Bettdecke zu schlafen. Solche Nächte gibt es sogar im Norden Minnesotas – wenn auch nur während einiger Wochen im Hochsommer.

Hinter dem Haus plätscherte der Bach auf seinem Weg in den Lake Superior ruhig dahin, und ich war gerade dabei einzuschlafen, als unten im Esszimmer durch irgendetwas Schweres ein lautes, dumpfes Geräusch verursacht wurde. Wir schlichen hinunter und stellten fest, dass der Esszimmerstuhl, der in nächster Nähe zum offenen Fenster gestanden hatte, umgefallen war, und sich unsere größte Katze, Einstein, mit senkrecht aufgestellten Nackenhaaren unter den Tisch verzogen hatte. Wir erkannten sofort, dass die Katze und ein unbekanntes Wesen sich soeben Nase an Nase durch das Fliegengitter begegnet waren, wobei dasselbe unbekannte Wesen sich nach Einsteins Rückwärtssalto vom Stuhl zurückgezogen hatte.

Wir lobten unsere in Angst und Schrecken versetzte Katze für ihre mutige Verteidigungsaktion, schlossen das Fenster und gingen wieder hinauf. Wir waren immer noch hellwach und dachten darüber nach, wer oder was dieses unbekannte Wesen wohl gewesen sein könnte, als wir das Rascheln von sich bewegenden Büschen hörten und daraufhin das Geräusch von Schritten im Kies unter dem Fenster. Es waren schwere Schritte, die den Kies unter einem enormen Gewicht zermahlten und zum Knirschen brachten. Ich erstarrte. Pattis Hand griff nach meinem Arm.

»Hast du das gehört?«, flüsterte sie.

»Ja.«

»Was ist das?«

»Ein Bär, nehme ich an.«

»Wird er versuchen, hereinzukommen?«

»Ich hoffe nicht.«

Ich erhob mich ruhig vom Bett und ging ans Fenster. Zwei Stockwerke tiefer wurde ein dunkler Schatten schwach vom Nachtlicht in der Küche erhellt; es war ein großer dunkler Schatten. Ein Bär. Er stand neben dem Hinterausgang des Untergeschosses. Darüber lag im ersten Stock die Veranda, die sich über die rückwärtige Länge des Hauses erstreckte. Die Veranda wurde von dicken Pfählen getragen. Der Bär stellte sich auf seine Hinterbeine, klammerte sich an die Pfeiler, schaute hoch und schnüffelte in der Luft.

»Was macht er?«, flüsterte Patti.

»Er ist dabei, auf die Veranda zu klettern.«

»Oh, Gott, er versucht, ins Haus zu kommen.«

Der Bär war groß und offensichtlich auf der Suche nach etwas Essbarem.

Patti setzte sich im Bett auf. »Was wirst du tun?«

»Hinuntergehen und die Sache in Augenschein nehmen.« Ich wollte nicht hinuntergehen. Ich wollte nicht einmal in die Nähe des Bären gehen, aber ich hatte gesagt, ich ginge, und so musste ich gehen.

Zögernd schlich ich die Treppe hinunter ins Wohnzimmer, nahm die Taschenlampe und ging zur Glasschiebetür, die auf die Veranda führte. Dort draußen war es dunkel. In meinem Kopf kollidierten eine Anzahl Furcht erregender Szenarien. In dem Augenblick, als ich mich auf meine erste unvermeidliche Konfrontation mit einem Bären vorbereitete, wusste ich, dass ich wahrhaftig Angst vor Bären hatte.

Patti folgte dicht hinter mir und spürte meine Unsicherheit. »Was soll ich tun?«, fragte sie.

»Nichts«, antwortete ich und zog tief die Luft ein. »Ich werde hinausgehen und ihn verscheuchen.«

Ich knipste die Deckenbeleuchtung an. Wenn er dort gestanden hätte, wäre ich sicherlich in Ohnmacht gefallen oder hätte einen Herzanfall bekommen, oder beides. Aber dort war nichts. Ich öffnete die Schiebetür so weit, dass ich mit dem Lichtkegel der Taschenlampe suchend über den im Dunkeln liegenden Teil der Veranda fahren konnte. Immer noch nichts, außer Stille.

Als ich über die Veranda ging, hielt ich die Tür für einen möglicherweise erforderlichen raschen Rückzug offen. Einen Augenblick lang stand ich gespannt da und lauschte. Dann explodierte ich, sprang auf der Veranda auf und ab, schrie und brüllte in bester Imitation einer wahnsinnigen Todesfee. Drinnen wurde ich von unserer alten Labradorhündin unterstützt, die enthusiastisch bellte.

Auf der unteren Etage unter der Veranda wandte der Bär sich Richtung Süden, er bahnte sich krachend seinen Weg über Baumfallen und durch knackendes Unterholz. Als wir die Hündin beruhigt hatten, war der Bär verschwunden. »Hoho«, rief ich siegesfroh aus. »Der Bär hat aber das Weite gesucht. Ich wette, er rennt noch bis morgen früh.«

Er lief nicht bis morgen früh. Die Euphorie war nur von kurzer Dauer. Um 4.00 Uhr, als gerade die Morgendämmerung einsetzte und die Dunkelheit zu durchbrechen begann, wachte ich auf. Vielleicht war es das Geräusch der 200 Liter fassenden Mülltonne, die umfiel. Es kann auch der Vogelfutterautomat gewesen sein, der aus seiner Halterung gerissen wurde. Was immer es auch war, mir war klar, dass ich aufstehen und nachschauen musste. Dort unter dem Weichselkirschbaum, auf dem Rasen vor dem Haus, stand im dämmerigen, grauen Licht unverschämt ein sehr großer Schwarzbär. Er schien den Kolibrifutterautomaten zu studieren, der von einem Hauptast herabhing.

Ich wusste, dass ich etwas tun sollte, doch was, war die Frage. Zur Haustür gehen und anfangen laut zu schreien und zu toben? Der Bär kam schneller als ich zu einer Entscheidung. Er stellte sich auf seine Hinterbeine, fasste mit beiden Tatzen nach dem Futterautomaten, neigte ihn fachmännisch zur Seite und schluckte ein Viertel des süßen, roten Nektars hinunter. Als ich schließlich die Tür erreichte, schlenderte er bereits die Auffahrt hinunter. Ich rief hinter ihm her, was dem wohlgenährten Besucher lediglich einen trägen, verächtlichen Blick in meine Richtung entlockte, woraufhin er auch sofort wieder in gemächlichem Tempo auf der Suche nach einem neuen Betätigungsfeld weiterzog.

Ich ging hinaus, um den Schaden zu begutachten. Der leere Kolibrifutterautomat schaukelte immer noch hin und her, er hing direkt über meinem Kopf. Das bedeutete, dass der Räuber aufrecht stehend mehr als 1,80 Meter maß. Als ich zurück zum Haus ging, fröstelte ich plötzlich. In jener Nacht hatten wir unsere erste Lektion über Bären erhalten: Du kannst einem hungrigen Bären Angst einjagen, aber er wird sich nicht lange einschüchtern lassen.

Das Wetter blieb unverändert warm, die Fenster geöffnet und einige Nächte, nachdem der Räuber seinen ersten Besuch abgestattet hatte, erstarrte ich bei dem Geräusch von rutschenden Steinen. Oh, nein, dachte ich, der Räuber kehrt zurück. Doch als ich aus dem Fenster schaute, war nichts zu sehen. Die Geräusche waren nach wie vor zu hören. Vielleicht ist er einfach nur auf der Durchreise, hoffte ich, doch ich wusste, dass hier der Wunsch der Vater des Gedankens war.

Patti schlief, und so huschte ich leise zurück ins Bett und wartete mit gespitzten Ohren ab. Mehrere Minuten lang war alles ruhig. Ich fühlte, wie sich die Spannung erhöhte. Dann war ein Geräusch auf der rückwärtigen Veranda zu hören, ein tierisches Geräusch. Ich sprang auf.

Patti setzte sich ruckartig auf. »Was ist das?«, murmelte sie.

»Unser Freund, der Bär, ist zurück«, sagte ich und versuchte so cool zu klingen wie Clint Eastwood. Wir gingen vorsichtig hinunter und bahnten uns auf Zehenspitzen den Weg durch das dunkle Wohnzimmer. Draußen war es zu dunkel, um irgendetwas erkennen zu können.

»Ich knipse das Licht an und hoffe das Beste«, flüsterte ich.

»Er wird doch nicht durch die Glasscheibe hindurch versuchen anzugreifen?«

»Nein, es ist eine Doppelverglasung plus Fliegengitter«, antwortete ich. Es klang nach einer sicheren, festen Barriere, doch ich bezweifelte, dass sie den alten Räuber auch nur im Mindesten zurückhalten würde. Mit einem Schlag könnte er alles zertrümmern. Manchmal will man kein Licht machen, weil man nicht wirklich sehen oder stören oder vielleicht provozieren will, was sich dort draußen befindet. Dies hätte ein solcher Moment sein können, doch irgendwer musste aktiv werden und ich war das Oberhaupt der Familie.

»Also, auf geht's«, verkündete ich und machte mir Mut. Meine Hand zitterte immer noch.

Das Licht ging an, und wir standen still. »Oh, mein Gott«, war alles, was ich herausbrachte.

Über Pattis Gesicht breitete sich ein strahlendes Lächeln. »Sind es nicht die süßesten kleinen Knäuel, die du je gesehen hast?«

Zwei junge Bären, die sehr stark kleinen pelzigen Kuscheltieren ähnelten, standen auf ihren Hinterbeinen und fraßen gierig Sonnenblumenkerne von der Bank, die um die Veranda herumlief. Vom Kopf bis zu den Füßen maßen sie ungefähr 90 Zentimeter und ließen sich von dem hellen Licht nicht im Geringsten stören.

»Wie hungrig sie sind. Können wir sie nicht noch die restlichen Sonnenblumenkerne fressen lassen?«, fragte Patti.

»Wenn wir sie nicht verscheuchen, richtig vertreiben, dann kommen sie jede Nacht wieder. Junge Bären wachsen und werden große Bären. Außerdem ist die Bärenmama irgendwo in der Nähe, und wenn wir eines nicht gebrauchen können, dann eine aufgebrachte Bärenmutter in unmittelbarer Umgebung.«

Meine Rede fiel auf taube Ohren. Patti war völlig begeistert von den Jungen. In der Zwischenzeit setzte sich eine Idee in meinem Kopf fest. Ich ging zum Schrank und kam mit einer Schrotflinte zurück.

»Oh, nein, das tust du nicht.«

»Natürlich nicht. Aber ich werde ihnen einen gehörigen Schrecken einjagen.« Ich steckte eine Patrone in den Lauf. »Ich bin so weit, wir öffnen die Schiebetür gerade so weit, dass der Gewehrlauf hindurchpasst, und ich ziele über ihre Köpfe hinweg. Wenn dieses Ding hier losgeht, dann kannst du Bären in alle Richtungen fliehen sehen.« Ich steckte eine zweite Patrone in den Lauf für den Fall, dass die Explosion einen Angriff auslösen würde. Das hört sich vielleicht lächerlich an, aber zu der Zeit jagten mir sogar kleine Bären Angst ein.

»Also, auf geht's.« Ich öffnete die Tür einen Spalt und schob den Gewehrlauf hindurch. Die Jungen waren nur 2,40 Meter von der Tür entfernt, ließen sich aber nicht stören. Die Schrotflinte krachte. Kra-woom!

Draußen änderte sich nichts. Ein Junges wandte träge den Kopf, um zu sehen, was es da für einen Lärm gab. Das andere kümmerte sich nicht einmal darum; es saugte einfach nur weiter Kerne in sich hinein wie ein Staubsauger. Ich konnte es kaum fassen. Patti schüttelte ebenfalls den Kopf. Also unternahm ich den nächsten scheinbar logischen Schritt, öffnete die Tür und vollführte meinen Todesfeetanz. Das erweckte ihre Aufmerksamkeit, und sie hasteten über die Veranda und die Stufen hinunter, um sich ihrer Mutter anzuschließen, die unten auf sie wartete.

Erstaunlicherweise kehrten weder der Räuber noch die beiden Jungen in jenem Herbst zurück. Auch keine anderen Bären. Die Blätter färbten sich goldgelb, fielen herunter und bedeckten den Boden. Die Tage wurden kürzer und kälter. An einem Oktobermorgen wachten wir auf und waren von einer weißen Welt umgeben, die den Beginn eines langen Winters ankündigte, der 350 Zentimeter Schnee brachte.

Das Haus am Elbow Creek im Winter.

Die Zeit flog dahin. Im Oktober übernahmen wir das lokale Wochenblatt, *The Cook County News Herald*, und machten uns als neue Eigentümer an die Arbeit. Während dieser ersten paar Monate verbrachten wir viele Stunden mit der Einarbeitung, mit der Feinabstimmung des Papiers und mit Besprechungsterminen. Und bevor wir überhaupt Zeit hatten, uns dem Rhythmus des Winters anzupassen, stand das Apriltauwetter auch schon vor der Tür.

1990 kam der Frühling schlagartig und war von kurzer Dauer. Gerade hatten wir noch über Percy, unser Waldhuhn, gestaunt, das bei seinem Versuch, ein ebenfalls in der Umgebung ansässiges weibliches Waldhuhn auf sich aufmerksam zu machen, oben auf einer Schneewehe wild gurrend mit den Flügeln trommelte, als auch schon die Krokusse zu blühen und die Espen auszuschlagen begannen. Das Rotwild kehrte im Frühling zurück und sah von seinem langen, winterlichen Kampf mit tiefem Schnee und

Wölfen ausgezehrt und müde aus, sodass wir einen Haufen Korn ausstreuten, um ihm weiterzuhelfen.

An einem Tag Ende Mai beendete Patti ihre Arbeit im Büro und fuhr früher nach Hause. Sie war aufgeregt und außer Atem, als sie anrief. »Du wirst es nicht glauben«, tönte ihre Stimme atemlos aus der Leitung. »Die Bärenmutter und ihre beiden Jungen hatten sich um den Kornhaufen versammelt, als ich die Auffahrt heraufkam. Sie ergriffen die Flucht, kamen aber sofort zurück. Jetzt sind sie dort draußen.«

»Das gibt's doch nicht«, antwortete ich und wusste nicht recht, wie ich diese Neuigkeiten aufnehmen sollte.

Und ob es das gab! Es war der Anfang einer Zeit, die uns stets unvergesslich bleibt – unsere Bärenjahre waren angebrochen.

Die Bärenfamilie nahm Quartier. Zu Anfang hatten wir sie am Kornhaufen gesehen, danach hörten wir, wie die Jungen in der Dunkelheit eilig die Bäume hinaufkletterten. Sie waren nie weit entfernt. Ich wollte mit der Gartenarbeit beginnen, doch die Angst, zwischen die Bärenmutter und ihre Jungen zu geraten, schreckte mich ab. Wir machten uns ebenfalls Sorgen darüber, dass unsere alte Labradorhündin, Ramah, versuchen könnte die Jungen zu jagen, um dann von Angesicht zu Angesicht mit jemandem Bekanntschaft zu machen.

Nach ein paar Tagen voller nervöser Anspannung sprach ich mit Patti. »Es macht Spaß, die Bären zu beobachten«, sagte ich, »doch sie beunruhigen mich. Wir müssen sie irgendwie vertreiben.«

Sie nickte, doch ich wusste, dass sie enttäuscht war. »Wie vertreiben wir sie also?«, fragte sie.

Ich dachte über das Problem nach und kam zu einer einfachen Lösung. »Wir könnten Steine werfen und schreien«, schlug ich vor. Doch ich lernte bald, dass Bären sehr schnell in der Lage sind, die Reichweite eines Steinewerfers einzuschätzen und einfach außerhalb bleiben. Kein einziger Stein kam näher als drei Meter an die Bären heran. Außerdem fühlte sich mein Arm nach einem halben Dutzend Würfen an, als sei er von meiner Schulter abgetrennt worden. »So viel zum Steinewerfen und Schreien«, sagte ich. Für jenen Abend ließen wir es genug sein.

Tag Nummer zwei begann damit, dass sich die Bären auf dem Hof vor dem Haus herumlümmelten. Patti ging zur Tür hinaus, um sie zu verscheuchen. Die Bärenmama schaute einmal und griff dann an, sodass Patti zurück zur Tür sauste. Sie kam herein und schnappte nach Luft. »Hast du das gesehen? Sie hat versucht, mich zu erwischen.«

Zu jener Zeit wussten wir nichts über die Scheinangriffe, die Bären manchmal durchführen. Sie keuchen und schnauben, schlagen ihre Zähne aneinander und setzen ein oder zwei Meter weit zum Angriff an, dann halten sie inne. Es war eine nervenaufreibende Erfahrung, die Pattis Überzeugung besiegelte, dass die Bären irgendwie verschwinden mussten. An jenem Abend versuchten wir, sie mit dem Jeep zu attackieren. Für uns war das sicherer, doch der Effekt war ebenfalls gleich null. Die Jungen kletterten die Bäume hinauf und die Bärenmutter versteckte sich gerade so lange außer Sichtweite, bis wir uns zurückzogen. Dann vereinte sich die Familie wieder.

Am nächsten Tag berichtete uns eine Nachbarin von der todsicheren Ballonmethode. Sie bestand darin, dass Ballons mit einer Lösung aus Ammoniak und Wasser gefüllt, dann mit Honig überzogen und innerhalb der Reichweite der Bären an Baumäste gehängt wurden. Sie sagte, sie würde die Ballonmethode noch am selben Abend ausprobieren. Eine tolle Idee, dachte ich. Die Bären wurden angelockt, und wenn sie die Ballons zum Platzen brachten, erlebten sie eine böse Überraschung. In der

Abenddämmerung füllten und überzogen wir acht Ballons und ließen sie festlich an der Auffahrt entlangbaumeln. Ich konnte es kaum bis zum Morgen erwarten.

Als Patti aufstand und hinausschaute, zählte sie neun Ballons, die über die Auffahrt verstreut waren. »Halt mal«, überlegte sie. »Wir haben doch nur acht aufgehängt.«

Die Bären hatten nicht nur den Honig von den Ballons geleckt, ohne dass ein einziger Ballon geplatzt war, sie hatten zusätzlich noch einen der Ballons unserer Nachbarn zu unserem Haus bugsiert, über eine Entfernung von ungefähr 800 Metern.

An jenem Tag rief ich das örtliche Forstamt an und sprach mit Bill Peterson, dem zuständigen Forstbeamten, der gelegentlich eine Kolumne für die Zeitung schrieb. Er schmunzelte, als er die Geschichte mit den Ballons hörte.

»Ihr müsst wissen«, erwiderte er bedächtig, »dass ihr sie kaum loswerdet, solange etwas Essbares in nächster Umgebung ist. Wenn ihr das ausgeschlossen habt, könnt ihr es mit einer Steinschleuder versuchen. Manchmal ist das die Lösung.«

An jenem Nachmittag kehrten wir mit einer Steinschleuder vom *Lake Superior Trading Post*, einem Einkaufszentrum, heim. Tatsächlich gelang es mir im Laufe des Abends, drei Treffer auf dem Hinterteil der Bärenmama zu landen. An jenem Abend war aber auch die erste Moskitobrut jenes Sommers unterwegs, und ich fing mir bei meinen Schleuderversuchen mehrere Dutzend juckender Stiche ein, bevor ich daran dachte, mich mit Mückenspray einzusprühen. Aber die Bären verschwanden. Einen, dann zwei und drei Tage kehrten sie nicht zurück. Nach einer Woche waren wir optimistisch. »Ich denke, sie sind weg«, meinte ich. »Ich glaube, wir haben sie entmutigt.«

In der Tat war die Rotwildherde wieder aufgetaucht, seit die Bärenfamilie verschwunden war. Mehrere Tiere grasten jeden

Abend auf dem frisch sprießenden Gras, tollten herum und forderten sich gegenseitig übermütig heraus. Nach einer weiteren Woche erklärten wir uns zum Sieger. Wir hatten fast vergessen, dass bei uns jemals Bären vorbeigeschaut hatten. Der Garten war bepflanzt und der Rettich spross bereits aus dem steinigen Boden hervor.

Und dann, eine Woche später, kam Little Bit die Auffahrt entlang in unser Leben marschiert.

Bekanntschaft mit Little Bit

Die Zikaden sangen an jenem sonnigen Hochsommer-Nachmittag, an dem Little Bit sich ihren Weg auf dem schmalen Rasenstreifen zwischen der Kiesauffahrt und dem dichten Wald suchte. Sie kam wie ein kleiner Landstreicher herbeigeschlendert, der sich an keinen festen Plan zu halten braucht.

»Komm doch mal kurz herüber, hier gibt es was zu sehen«, rief ich Patti, die in der Küche gerade Eistee zubereitete. Sie kam schnellen Schritts ins Esszimmer und folgte meinem Blick aus dem nach vorne gelegenen Fenster.

»Oh, ein armes kleines Waisenkind«, rief sie aus, als sich das Junge unumwunden auf die mit Sonnenblumenkernen gefüllte Schale zu bewegte, die wir für die Vögel auf einen Baumstumpf gestellt hatten. »Können wir ihn nicht einfach nur ein wenig fressen lassen?« Obwohl sie ganz genau wusste, dass wir den ganzen Frühling versucht hatten, die Bären von unserem Gelände zu vertreiben, ließ sie nicht locker.

Ich hatte immer noch Angst vor Bären, und sogar vor diesem jungen Gemüse, doch ich schätzte die Größe dieses kleinen Streuners nur auf die Hälfte der Größe von Ramah und war der Ansicht, ich könne damit zurechtkommen. »Ich denke, es ist in Ordnung«, antwortete ich schließlich. Zu der Zeit hatte der kleine Streuner bereits die Sonnenblumenkerne entdeckt und brauchte keine weitere Einladung.

Patti, ein Stadtkind aus Rochester, New York, war zu Hause stets diejenige gewesen, die aus der Schule streunende Hunde mit heimgebracht hatte. Ihr ist noch nie ein Tier begegnet, das sie nicht mochte, und nun sah es so aus, als wollte sie in diese Liste auch Bären aufnehmen. »Ich gehe hinaus und schaue, ob noch genug Kerne da sind«, verkündete sie und eilte in Richtung Haustür. Das kleine Waisenkind wusste noch nichts davon, doch es war gerade dabei, herzlich in die Familie Becklund aufgenommen zu werden.

»Sei aber vorsichtig, es könnte sein, dass seine Mutter sich in den Wäldern versteckt hält«, warnte ich. Meine Worte schmälerten ihren Enthusiasmus wie gewohnt in keinster Weise. Sie ging hinaus, und das Junge zog sich unter den Weichselkirschbaum zurück, wo es aufrecht stand und gegebenenfalls rasch die Flucht ergreifen konnte.

Zwei oder drei Minuten lang beobachtete Patti den Bären und der Bär beobachtete Patti. Dann kam das Bärenjunge zu der Überzeugung, dass ihm von Patti keine Gefahr drohte, ließ sich auf alle viere fallen und tastete sich aufgeregt zu der Schale mit den schmackhaften Kernen zurück.

Es war ein Jährling; er wog nicht mehr als etwa 11 bis 14 Kilogramm, doch schien er in guter Verfassung zu sein, mit kurzem, glänzendem Fell, das nach dem Abwurf des alten Winterpelzes nachgewachsen war.

Ich stand immer noch am Fenster des Esszimmers und beobachtete, wie Patti im Gras sitzen blieb und ruhig auf das Junge einredete. Sie kann gut mit Tieren umgehen, und ihre Art flößte dem kleinen Bären Vertrauen ein. Bald fraß er vorsichtig nur gut einen Meter von dort entfernt, wo sie im Schneidersitz im Gras saß. Die zwei verweilten fast eine halbe Stunde so und teilten sich ihr schattiges Plätzchen auf dem Rasen, bis der große Haufen Kerne vertilgt war. Als Patti sich vorsichtig erhob, wich das Junge nur halb bis zum Weichselkirschbaum zurück und kam danach sofort wieder, um im Gras um die Schale herum nach verstreuten Samen zu suchen.

»Waow!«, rief Patti glücklich, als sie zur Tür hereinkam. »Hast du das gesehen? Wir haben ein kleines weibliches Bärenjunges dort draußen. Ich glaube, sie wird sehr zutraulich. Ist sie nicht einfach wunderbar?« Die Worte sprudelten aufgeregt aus ihr hervor.

Sie füllte neue Kerne in die Schale und setzte sich wieder ins Gras, von wo aus sie beobachtete, wie der Bär zurückkam und erneut zu fressen begann. Allerdings war es die Jahreszeit der blutrünstigen Minnesota-Mücken. Das Junge schenkte ihnen keine Beachtung, aber Patti begann um sich zu schlagen und in der Luft herumzufuchteln. Sie flüchtete schließlich ins Haus.

»Ist sie nicht eine vollkommene kleine Bärin?«, rief Patti mir zu. »Die Miniatur eines ausgewachsenen Bären! Wir sollten sie Little irgendwas nennen. Wie wär's mit Little Bit?« Ohne uns darüber klar zu sein, hatten wir das Junge damit offiziell adoptiert.

Die nächsten zwei Tage setzte sich der Prozess des Kennenlernens täglich je eine Stunde lang fort. Patti hielt nach dem Jungen Ausschau, sprühte sich von Kopf bis Fuß mit Mückenspray ein und ging hinaus. Schließlich saßen sie sich beide an der Schale mit den Sonnenblumenkernen direkt gegenüber.

Patti kehrte nach jeder Begegnung voller Begeisterung über die Fortschritte zurück, die sie und Little Bit machten. »Heute habe ich sie angefasst«, berichtete sie aufgeregt, »und sie ist noch nicht einmal zurückgewichen. Sie lag einfach nur vor mir und schaute mich an, als ob sie versuchte, aus mir schlau zu werden.«

Am dritten Tag beschlossen wir, den Versuch zu unternehmen,

Little Bit vom Hof vor dem Haus auf die hintere Veranda zu bewegen. Wenn mein Wagen die staubige Auffahrt hinauf- und hinunterfuhr, ängstigte sie das. Außerdem liebte die kleine Rotwildherde, die zu jener Zeit zu uns kam, das morgend- und abendliche Getummel auf dem Rasen und im Gartenbereich vor dem Haus. Wenn sich das Junge hinten aufhielte, würden sie eher bleiben. Das Junge hinter das Haus zu bekommen, war überraschend einfach: Dort, wo ihre Schale mit den Sonnenblumenkernen hinwanderte, dorthin wanderte auch Little Bit. Patti forderte sie auf mitzukommen, und sie folgte. Die hintere Veranda wurde ihr neues Zuhause und sollte der zukünftige Schauplatz für viele unserer Bärenabenteuer werden.

Die Veranda auf der Rückseite des Hauses maß in ihrer gesamten Länge knapp zehn Meter; die Hälfte davon vor der Glasschiebetür war 2,40 Meter breit. Am anderen Ende neben der Treppe, die eine halbe Etage zu einer kleineren Veranda hinunterführte, war sie breiter, ungefähr 4,25 Meter. Da das Haus im Untergeschoss einen ebenerdigen Vorplatz besaß, schwebte die rückwärtige Veranda eine Etage über dem Boden und stand auf Pfosten. Man konnte von dort aus zum ca. 30 Meter entfernten Elbow Creek hinüberschauen. Der Bach floss in den Devil's Track River, der nach knapp zehn Kilometern in den Lake Superior mündete.

Die Veranda wurde von einer aus Holz konstruierten Bank mit Rückenlehne umsäumt, auf die ein fünf mal 15 Zentimeter breites Geländer aufgesetzt war. Da die Veranda nicht so viele Moskitos anzog wie das Gras, aßen wir häufig im breiteren Bereich an einem schmiedeeisernen Tisch zu Mittag. Der Tag, an dem wir Little Bit auf die Veranda holten, war sonnig, und als wir uns zum Mittagessen hinaussetzten, gesellte Little Bit sich ohne Umschweife zu uns. Sie fand meine Ledermokassins weit schmackhafter als alles, was sie je gefressen hatte, und ich musste

Patti und Little Bit lernen sich kennen.

sie davon abhalten, sie zusammen mit dem Fuß zu verspeisen. Doch sie war äußerst sanft, und Patti kraulte ihr bald schon das Fell, wenn sie zusammen draußen saßen.

Wir hatten immer für die Vögel, die angeflogen kamen, Kerne auf das Geländer gelegt, aber zur Zeit kümmerten sich die meisten unserer gefiederten Freunde um ihren Nachwuchs, sodass Little Bit den Löwenanteil – oder besser gesagt den Bärenanteil – davon fraß.

Es war noch nicht zur Routine geworden, noch hatten wir uns daran gewöhnt, sie auf der Veranda zu sehen, als wir im Laufe der Woche auch schon einen mächtigen Schreck bekamen. Patti schaute hinaus, und ich hörte sie plötzlich sagen: »Ach, du meine Güte! Was ist denn mit dir passiert? Hast du gekämpft? Oder bist du krank?« Sie eilte durch das Wohnzimmer, und ich blickte auf und sah das schmutzigste, von Motten zerschundenste Junge, das man sich nur vorstellen konnte. Wir meinten beide, dass unserem glücklichen, gut genährten Jährling etwas Schreckliches widerfahren sei.

Als Patti die Tür öffnete, floh das Junge über die Veranda und rannte die Treppe hinunter. Es kam uns immer noch nicht in den Sinn, dass wir hier einen Fremden vor uns hatten, bis das magere Junge am Fuße der Treppe buchstäblich in Little Bit hineinrannte. Beide flohen in entgegengesetzte Richtungen und landeten auf nebeneinander stehenden Bäumen, von wo aus sie einander beäugten.

Als Little Bit ihr Quartier bei uns aufgeschlagen hatte, erstanden wir ein Büchlein über Schwarzbären, damit wir ihr Verhalten besser verstehen konnten. Daher wussten wir bereits, dass Bärenmütter ihre Jungen im Juni ihres zweiten Sommers verließen. Sie taten dies vor der Paarung, was bedeutete, dass sie jeden zweiten Frühling Junge bekamen. Bei den beiden Jungen, die soeben auf die Bäume geflüchtet waren, handelte es sich demnach nicht um tatsächliche Waisen, sondern um kürzlich von ihren Müttern der Wildnis preisgegebene Junge. Wir fragten uns, ob der Neuankömmling eines der Jungen war, die wir vor kurzem vertrieben hatten.

Das Büchlein berichtete ferner, dass die Jungen, mehr als alles andere, große Bären fürchten, da erwachsene Bären die Jungen manchmal verletzen oder sogar töten. Jedes der beiden Jungen glaubte offensichtlich, dass das andere größer war und eine Bedrohung darstellte, also hatten sie auf den Bäumen Zuflucht gesucht. Nun hatten wir also zwei Junge, wobei jedes pustete und schnaufte, um das andere zu vertreiben, und wünschte, dass es seine Mutter noch zum Schutz bei sich hätte.

Schließlich kamen sie herunter und entfernten sich in unterschiedliche Richtungen, doch nach einer Weile kehrten sie gemeinsam zurück und hatten scheinbar Freundschaft geschlossen. Ich schüttelte den Kopf und dachte, dass ich die Grenze bei einem Jungen ziehen sollte. Doch bevor ich meine Überlegungen zu Ende führen konnte, hatte Patti den eingeschüchtert Zuflucht suchenden Neuankömmling bereits auf den Namen »Skinny« getauft, und ich wusste, das die Entscheidung, unsere Gastfreundschaft auszuweiten, ohne mich getroffen worden war.

Skinny war ein Bärenknabe und in vielen Dingen so verschieden von Little Bit wie Tag und Nacht.

Als Erstes stellten wir fest, dass er scheu war, und uns absolut nicht in die Augen schaute. Er schaute nach oben, nach unten, zur Seite und zurück, überallhin, nur nicht uns an. Vielleicht stand die Idee dahinter, dass wir nicht wirklich da waren, wenn er uns nicht ansah. Oder dass wir ihn auf diese Weise möglicherweise nicht sahen. Wir wussten es damals noch nicht, doch diese Eigenschaft weisen die meisten jungen Bären auf. Sogar erwachsene Bären suchen selten Augenkontakt zu Fremden. Little Bit war mit ihrem direkten Augenkontakt vom ersten Tag an sicherlich die Ausnahme.

Als Jährlinge flüchteten sich die Jungen jedes Mal wenn sie eine Gefahr witterten, sofort auf den nächsten Baum, eine alte Weißfichte in der Nähe der Veranda. Die Fichte ragte knapp acht Meter in den Himmel und hatte eine ausgefranste Spitze, die durch Blitzschlag beschädigt war. Die unteren drei Meter des Stammes waren kahl, doch darüber standen die Zweige wie die Stacheln eines Stachelschweins in alle Richtungen. Nur die oberen Zweige trugen Nadeln; die übrigen waren von dem Fichtenknospenwurm Ende der Achtzigerjahre abgefressen worden.

Doch auch wenn der Baum für unsere Augen müde und fast abgestorben erschien, die Jungen sahen ihn als ein sicheres Him-

Das erste Porträt von Skinny.

melreich an. Wenn wir Zweifel hatten, wo sie zu finden waren, so brauchten wir nur nach oben in die sich hin und her wiegenden Zweige der alten Fichte zu schauen, und fanden wahrscheinlich ein Junges, das auf uns herunterschaute.

Im August jenes Sommers wurden Little Bit und Skinny unzertrennlich. Und dank Pattis stets reichlich gefüllter Schalen mit Sonnenblumenkernen nahm ihr Gewicht rasch zu, und sie sahen bald wie pummelige Pelzknäuel aus. Skinnys wirrer, verfilzter Pelz wurde sogar seidig.

Ich war erstaunt über die Unmengen Sonnenblumenkerne, die sie verzehrten. Jedes Mal, wenn ich hinausschaute, lagen sie auf der Veranda und mampften glücklich vor sich hin. Die 20-Kilo-Säcke leerten sich in einer Geschwindigkeit, die für unseren Etat bedrohliche Ausmaße annahm. Langsam war ich etwas beunruhigt.

»Meinst du nicht, dass sie wahnsinnig viel fressen?«, fragte ich Patti. »Sie verbringen bestimmt acht Stunden pro Tag an den Schalen mit den Kernen.«

»Ich nehme an, sie brauchen mehr Nahrung, um sich auf den Winterschlaf vorzubereiten«, meinte Patti mit einem Achselzucken.

Eines Tages, als ich auf die Veranda hinaustrat, schreckten die beiden Jährlinge von ihren Futternäpfen auf und liefen in den Wald. Ich konnte nicht verstehen, warum sie so reagierten, da sie normalerweise kaum von ihren Schalen aufschauten. Es hatte fast den Anschein, als würden sie uns nicht kennen. Plötzlich ging mir ein Licht auf! Diese beiden Bären waren nicht Skinny und Little Bit sondern ein *weiteres* Pärchen, mit dem sie Freundschaft geschlossen hatten.

Zwei Tage später klärte sich die Sache auf. Bei Einbruch der Dunkelheit kamen Little Bit und Skinny in Begleitung von drei anderen jungen Bären aus den Wäldern herausspaziert. Nun hatten wir fünf, Little Bit und vier zusätzliche Exemplare. Alle vier weiteren Besucher waren Männchen, das konnten wir leicht erkennen, als sie sich am Abend hinter der Garage auf dem Hof neben unserem Haus versammelten um herumzubalgen. Sie kämpften miteinander, forderten sich gegenseitig heraus, standen boxend auf ihren Hinterbeinen und rollten zufrieden herum.

Zu Anfang sträubte Skinny sich etwas, scheinbar war er ein einsames Junges gewesen, denn er begriff den Ablauf des Spiels nicht sofort. Doch die anderen ließen nicht locker, sie knufften ihn spielerisch und rannten dann weg, bis auch Skinny schließlich begriff, worum es ging.

Am 1. September, dem Beginn der Bärenjagdsaison, hatten wir neun junge Bären um unser Haus versammelt. Obwohl sie erst den zweiten Sommer erlebten, schienen sie bereits zu verstehen, dass sie bei uns sicher waren, was uns dazu inspirierte, unser Grundstück fortan nur noch »das Schutzgebiet« zu nennen. Als uns diese Bezeichnung erst einmal in den Sinn gekommen war, beschlossen wir, dass unser Heim ein Schutzgebiet für alle Vögel und Tiere sein sollte, die ihren Weg zu uns fanden. Und im Laufe der Jahre, als die Zeitung wuchs und sich positiv entwickelte, da wurden sogar die Ausgaben für die Sonnenblumenkerne vertretbar.

In jener ersten Septemberwoche kam ein großer Bär, der mit seinem Pelz fast den Boden fegte, die Auffahrt zum Haus herangeschlendert. Der Bär hatte eine große weiße Blesse auf der Brust, wodurch wir mit Sicherheit sagen konnten, dass wir ihn noch nie gesehen hatten. Die jungen Bären hielten in ihrem Spiel inne und beobachteten das Herannahen des großen Bären. Wir erwarteten, dass sie innerhalb von Sekunden in alle Richtungen

Little Bit mit Freunden auf dem Rasen hinter dem Haus.

fliehen würden. Doch dann trat Little Bit vertrauensvoll vor und ging dem Neuankömmling entgegen. Wäre sie ein Hund gewesen, hätte sie mit dem Schwanz gewedelt. Die beiden trafen sich auf dem Hof vor dem Haus und gingen dann weiter zu den anderen Bären, die abgewartet hatten. Bald lag der große Bär mit von sich gestreckten Beinen auf dem Rücken und erlaubte den jungen Bären über ihn hinwegzukrabbeln und herumzutoben. Wir nannten ihn den Bärengroßvater, doch vielleicht wäre Bärengroßmutter treffender gewesen. Es ist uns nie gelungen, sein Geschlecht zu bestimmen.

Die Szene war und ist uns immer noch unerklärlich. In der Regel greift ein erwachsener Bär ein Junges an. Die Aggression größerer Bären ist die Haupttodesursache unter den Jungen. Dennoch spielten diese jungen Bären, die nicht einmal ein Viertel der Größe des erwachsenen Bären aufwiesen, bis fast in die Dunkelheit hinein mit ihm. Andere, denen wir dieses Ereignis schilderten, waren ebenfalls verblüfft. Es gibt vieles in Bezug auf das Verhalten der Bären, was immer noch unbekannt ist, auch den Experten, die ihr Leben dem Studium dieser Tiere gewidmet haben.

An einem anderen Abend tauchte ein zweiter erwachsener Bär auf. Little Bit saß mit Patti auf der Veranda und schien von dem Herannahen des erwachsenen Bären unbeeindruckt. Immer noch nicht vollständig mit den Verhaltensweisen der Bären vertraut, dachte Patti, dass dieser ausgewachsene Bär für den Jährling eine Bedrohung darstellen könnte, und so stand sie auf, nahm den Besen, den wir für die Veranda benutzten, und stampfte damit auf den Boden. Der Bär hielt inne und schaute. Patti schrie und ging mit Little Bit im Schlepptau direkt auf den Eindringling zu. Der Bär wich zwei Schritte zurück. Patti schlug erneut mit dem Besenstiel auf den Boden. Schließlich hatte der Bär die Nachricht verstanden. Er drehte sich um und schaute zurück über die Schulter, während er sich langsam davonmachte. Patti erinnerte sich später an seinen traurigen Blick.

Um sicherzustellen, dass der Bär weiter seines Weges ging, trat Patti auf den vorderen Rasen hinaus. Nach wenigen Sekunden fühlte sie ein Zerren an ihrem Hosenbein, dann zog eine Tatze an ihrem Knöchel. Etwas verwirrt schaute sie hinunter und sah, wie Little Bit an ihrem Bein zerrte. Nun verstand sie augenblicklich. Sie befand sich auf jenem Stück Rasen, auf dem die Jährlinge sich balgten und herumwälzten. Da sie den Spielplatz betreten hatte, nahm Little Bit an, dass sie spielen wollte.

Mitte September verringerte sich die Anzahl unserer jugendlichen Bären langsam. Wir wussten es zu jenem Zeitpunkt noch nicht, aber sie machten sich bereits zu ihrem Winterschlaf auf. Wir dachten sie würden ihren Winterschlaf im späten Oktober oder Anfang November beginnen, wenn es anfing zu schneien. Doch im Nordwesten Minnesotas setzt der Winterschlaf der Bären in der Regel sehr viel früher, in den letzten beiden Septemberwochen oder spätestens Anfang Oktober, ein.

Es kommt manchmal vor, dass sich ein junger Bär mit Verspätung in seinen Bau zurückzieht, weil er entweder zu wenig Nahrung zu sich genommen hat, oder weil er noch bis spät in die Saison hinein eine ergiebige Nahrungsquelle entdeckt hat. Skinny war dafür ein gutes Beispiel. Nachdem er schließlich Futter in rauen Mengen gefunden hatte, widerstrebte es ihm zu gehen. Nacht für Nacht erschien er auf der Veranda und saß dort allein. Eines Nachts, als der erste Schnee fiel, hatte Skinny wieder seinen üblichen Posten bezogen und wurde wie ein großer Fels vom Schnee bedeckt. Er schlief zu jener Zeit fast im Stehen und bewegte sich einige Stunden lang nicht. Als wir aufschauten und ihn durch die Glastür blicken sahen, waren seine Ohren wie von einem weißen Spitzenschleier bedeckt.

Als Skinny sich schließlich auf den Weg machte, es war weit im Oktober, lange nachdem Little Bit sich verabschiedet hatte, setzte der frühe Winter ein, und wir blieben mit Erinnerungen an einen un- und außergewöhnlichen Sommer allein zurück. Als der erste Schnee schmolz, konnten wir immer noch einen schmalen Pfad im Gras erkennen. Der Pfad war nur einige Zentimeter breit und bestand nun bloß aus matschiger Erde. Obwohl unsere Gäste einen weitläufigen Hof hatten, über den sie wandern konnten, hatten alle Bären denselben kleinen Pfad gewählt. Wir fragten uns, warum. Wir hatten viele Bären gesehen und dachten, wir hätten eine ganze Menge über sie gelernt, doch wir waren erst ganz am Anfang. Wir hatten gerade einmal in die Welt der Bären hineingeschnuppert. Das Verstehen kam erst viel später.

Im späten April des folgenden Jahres wurden Bären am Norduferer gesichtet, und die Leute erkundigten sich langsam, ob unsere Freunde zurückgekehrt waren. Wir hatten noch nichts von ihnen gesehen, aber wir waren nicht beunruhigt. Wir nahmen an, dass sie einen langen Weg zurückzulegen hatten, und wussten, dass Bären sich nicht auf die Wanderung begaben, solange sie nicht hellwach waren. Der Elbow Creek stellte im Frühling eine zusätzliche Barriere dar, zumindest für die kleineren Bären.

Es war Mitte Mai, als Skinny schließlich zurückkehrte. Wir nahmen jedenfalls an, dass es Skinny war. Junge Bären verändern sich ganz gewaltig vom Herbst bis zum Anfang des Frühlings. Sie verlieren bis zu einem Drittel ihres Gewichts. Sie schießen hoch auf, und ihr Fell ist unregelmäßig, da sie ihren schweren Winterpelz ablegen. Als Skinny ankam, erkannten wir ihn demnach nur an seinem Verhalten.

Einer der Jährlinge am Ende des ersten Sommers unserer Bärenjahre.

»Warte mal kurz«, sagte Patti eines Morgens, »dieser Bär steht genauso auf wie Skinny, um ins Haus zu schauen.« Wenn man einen Bären eine Weile beobachtet hat, bemerkt man seine ganz eigene Weise, wie er Dinge tut. Deshalb waren wir uns nach einigen Tagen, die wir dachten, wie sehr dieser von Motten zerfressene junge Bär doch Skinny glich, sicher, dass wir tatsächlich Skinny vor uns hatten. Er war größer als vor einem Jahr, doch beinahe genauso zerzaust, wie das erste Mal, als er zu uns gekommen war.

Danach bangten wir jeden Tag aufs Neue um Little Bit. War sie im letzten Herbst von einem Jäger erschossen worden? War sie den verheerenden Auswirkungen eines harten Winters zum Opfer gefallen? War sie nach dem Erwachen aus ihrem sechsmonatigen Winterschlaf einfach in eine andere Richtung gelaufen? War sie im Frühling auf dem Weg zu unserem Haus verletzt worden? Jedes Mal, wenn wir einen Schuss hörten, rechneten wir mit dem Schlimmsten.

Unsere Befürchtungen dauerten bis zum Heldengedenktag am 30. Mai an, als Little Bit dicht gefolgt von Skinny am späten Vormittag ohne groß Aufsehen zu machen auf die Veranda spazierte. Wir erkannten sie sofort wieder. Sie schaute Patti direkt an, als wollte sie sagen: »Natürlich bin ich hier. Was habt ihr denn erwartet?« Dünn aber noch nicht ausgemergelt, war sie ungefähr fünf bis acht Zentimeter kleiner als Skinny. Sie setzte sich wie gewohnt mit gespreizten Beinen hin und begann Kerne zu fressen, so als wäre sie lediglich ein oder zwei Tage fort gewesen.

Zu jener Jahreszeit war der Elbow Creek ein tosender Bestandteil unseres Lebens. Er floss in unmittelbarer Nähe unseres Hauses vorbei und vereinte sich später mit dem Devil's Track River, der dann durch eine tiefe Schlucht in Richtung des Lake Superior weiterfloss. Den größten Teil des Sommers war er ein angenehm dahinplätschernder, gluckernder Forellenbach, ungefähr drei bis viereinhalb Meter breit, aber im Frühling, während der Schneeschmelze und dem Abfluss der Wassermassen, erwachte der Bach zum Leben. Er entwässerte etwa 250 Quadratkilometer wilder Sumpf- und Seengebiete, sodass sein Wasser schnell floss und recht tief war, wenn der Schnee schmolz oder reichlich Regen fiel.

An einem Tag Ende Mai, kurz nachdem Little Bit zurückgekehrt war, sahen wir eine fremde Bärenmutter mit ihren zwei Jungen vorbeiziehen. Das kam häufiger vor. Wir sahen die Bären die Zufahrtsstraße kreuzen und in Richtung des Flusses wandern, fragten uns, wer sie waren, und sahen sie dann nie wieder. Sie waren einfach auf der Wanderung und benutzten den Fluss als Kanal, um zu einem anderen Ort zu gelangen. Weibliche Bären wandern manchmal in einem Revier von 13 oder 26 Quadratkilometern. Männliche wandern 120 Kilometer oder mehr. Die Bärenmutter war bereits vor einer Weile durchmarschiert, und wir waren hinausgegangen, um einige Büsche und Gestrüpp zu entfernen, damit wir von unserer Veranda auf der Rückseite des Hauses aus einen besseren Blick auf den Bach hatten.

Plötzlich übertönte ein hohes Kreischen das Tosen des Wassers.

»Hast du das gehört?«, fragte Patti. Wir richteten uns auf, um herauszufinden, wo das Geräusch herkam, dann realisierten wir, dass es ein Junges war, das im Bach flussabwärts trieb und um Hilfe schrie. Glücklicherweise ließ die Hilfe nicht lange auf sich warten. Bevor das Junge um eine Biegung außer Sichtweite getrieben wurde, kam seine Mutter am Ufer flussabwärts angerannt, wobei es im Gebüsch nur so knackte. Sie holte das schreiende Junge etwa knapp 200 Meter flussabwärts ein und sprang ins Wasser. Wir konnten nicht alles genau verfolgen, doch sie hatte das verängstigte Junge bald aus dem Bach gezerrt und bugsierte es am Ufer des Flussbettes vor sich her.

Wir standen da und beobachteten, wie Mutter und Junges flussaufwärts zurückkamen und vorbeimarschierten, ohne auch nur einmal in unsere Richtung zu schauen. Als sie außer Sichtweite waren, hörten wir die Geräusche eines zweiten Jungen, das von einem Baum hinunterrutschte, und das Trio war wieder komplett. Die Mutter und die Jungen gingen weiter ihres Wegs, und wir sahen sie nie wieder. Aus diesem Zwischenfall konnten wir jedoch ersehen, dass der Elbow Creek im Frühling, insbesondere für eine Bärenmutter mit gerade geborenen Jungen, eine Riesengefahr darstellte. Das war auch einer der Gründe, warum die Bären in manchen Jahren nicht vor dem 1. Juni bei uns eintrafen.

In seinem dritten Sommer veränderte Skinny sich sehr schnell. Nachdem er gelernt hatte, an der Gesellschaft der anderen Bären in seinem Alter Gefallen zu finden, begann er nun, sie ausfindig zu machen. Eine um die andere Woche ging er allein für drei oder vier Tage auf Wanderschaft und kehrte stets mit einem neuen jugendlichen Freund zurück. Wir nannten diese Abenteuer »Skinnys Wanderschaften«. Er schien, als habe er sich selbst zum Rattenfänger der Bärenwelt ernannt und den Entschluss gefasst, seine reichen Gaben mit anderen zu teilen.

Wir saßen draußen auf der Veranda, und schon kam Skinny mit einem neuen Freund um die Ecke. Er ging dann schnurstracks die Treppe hinauf, um aus seinem Futterkasten zu fressen, und ließ seinen neuen Freund unschlüssig und etwas ratlos unten stehen. Fremde Bären, besonders jugendliche und junge Bären, gehen nicht einfach auf Menschen zu. Für seine Freunde tat Skinny etwas Undenkbares.

Ein weiteres Novum in Skinnys Verhalten war der Augenkontakt, den er nun zu uns herstellte. Früher war er auf die Veranda gekommen, hatte uns jedoch nie angeschaut. Nun, da er uns kannte, schaute er uns direkt in die Augen, was seine Freunde noch mehr irritierte.

Bis zur Mitte des Sommers hatte Skinny ein halbes Dutzend junger männlicher Bären mit nach Hause gebracht. Diejenigen, die in der Nähe blieben, bekamen Namen. Einer hieß Scar, ein freundlicher Bär, der nach der Narbe benannt wurde, die über seinem rechten Auge entlang bis zu seiner Schläfe lief. Sarge bekam seinen Namen wegen der drei weißen Streifen auf seiner Brust. Toby aß gerne Mais und war manchmal mit Sarge unterwegs. Irving war ein Einzelgänger und hielt sich meistens in der Nähe des Gartens auf. Die anderen Bären mochten ihn nicht, weil er nach ihnen schnappte, wenn sie in die Nähe seines Kornhaufens kamen.

Skinny war mittlerweile ein langbeiniger Bär, der fülliger wurde, um sich in einen großen Bären zu verwandeln. Er war bereits zum natürlichen Anführer der jugendlichen Rasselbande um das Haus herum geworden, was möglicherweise mit seinem Alter und seiner Vertrautheit mit dem Haus und mit uns zu tun hatte.

Eines Tages saßen Patti, mein jüngerer Sohn Tom aus Minneapolis und ich auf der Veranda, als Skinny von einer seiner Wanderschaften zurückkehrte. Tom war damals 29 Jahre alt. Er hatte gerade das College abgeschlossen, sich als Beleuchtungsdirektor an einem Theater versucht, das zahlreiche Adaptionen erfolgreicher Broadway-Stücke inszenierte, und arbeitete nun im häuslichen Pflege- und Gesundheitsbereich. Er war ein Stadtkind und kam gern zu einem Besuch zu uns in die Wälder hinauf. Er wirkte stämmig genug, um es mit einem Bären aufzunehmen, war aber tatsächlich ein sehr gelassener Mensch.

Skinny ist hoch aufgeschossen.

Als der Bär die Treppenstufen zur Veranda heraufkletterte, holte Tom plötzlich hörbar tief Luft. Er war noch nie draußen gewesen, als Bären in der Nähe waren. »Oha«, sagte er ruhig. Patti und ich erkannten Skinny sofort, aber nicht den Bären an seiner Seite. Skinny steuerte schnurstracks die Sonnenblumenkerne an. Der andere Bär wandte den Blick ab und wartete oben an der Treppe auf irgendeinen hilfreichen Hinweis. Als Little Bit einige Minuten später ankam, stand er immer noch abwartend da. Schließlich kletterte er etwas verwirrt auf einen Baum. Little Bit schloss sich Skinny an, so als wollte sie sagen: »Was ist denn hier los?« Sie beschnüffelten einander und berührten sich mit den Schnauzen, dann setzte sich jeder zum Fressen nieder und Skinnys Freund oben auf dem Baum wurde ignoriert.

Was Tom angeht, so war die Tatsache, dass er draußen mit den

Bären gesessen hatte, für den Tag Aufregung genug gewesen. Er konnte es kaum erwarten, zurück in die Stadt zu kommen, begierig, über die Bären zu berichten, denen er begegnet war.

Als sich bei Skinny immer deutlicher männliche Eigenschaften herausbildeten, wurde Little Bit zu einer jungen Lady. Als sie sich physisch veränderte, begann sich auch ihr Verhalten in einer Weise zu ändern, die wir nicht erwartet hatten. Sie kam nur noch mit Skinny auf die Veranda. Sie gesellte sich am Abend nicht mehr zu den Rangeleien der Männchen. Wenn sie balgten, dann kam sie rauf und saß mit uns auf der Veranda. Vorzugsweise fraß sie nun Sonnenblumenkerne und Nüsse aus Pattis Hand und nicht mehr aus der großen Kiste. Manchmal fühlte Patti nicht einmal, wie die Kerne aus ihrer Hand genommen wurden. Little Bits Berührung war so zart wie von einem Schmetterling.

Die meiste Zeit gluckten Little Bit und Skinny zusammen herum. Ich glaube, man könnte sagen, er war ihre erste Liebe.

Zu jener Zeit dominierte Little Bit nicht unbedingt die Becklundsche Bärenszene, aber sie brachte doch Skinnys beste Seite zum Vorschein, der gerade anfing, erste Anzeichen eines Rowdys zu zeigen, wenn er mit den anderen Jungs herumtobte. Einmal rissen sie mehrere Bretter der Verschalung hinten an der Garage ab. Er hatte auch damit angefangen, die Isolierung von der Außenwand im Erdgeschoss abzureißen. Diese neuen Eigenarten machten ihn bei seinen Gastgebern nicht unbedingt beliebt. Ich bin sicher, dass er sich auf diese Weise Zugang zu dem Haus zu verschaffen suchte, aus dem seine Sonnenblumenkerne kamen. Doch wenn Little Bit mit ihren langen Augenwimpern (ja, die hatte sie) klimperte, dann folgte Skinny ihr gehorsamst den ganzen Tag über und machte in der Regel auch keinen Unsinn.

Little Bit und Skinny zu Beginn ihres dritten Sommers.

Einmal standen wir am späten Nachmittag auf der Zufahrt. Drei der jungen Männchen gingen über den Seitenhof. Sie wanderten scheinbar zu dem schön im Schatten gelegenen Fleckchen neben dem Garten, wo wir ab und zu Korn ausstreuten. Der Platz lag ungefähr sechs Meter höher als das umliegende Gebiet, sodass die Sicht ausgezeichnet war.

Da sie uns mittlerweile so vertraut waren, achteten wir nicht besonders auf die Bären, doch plötzlich hörten die männlichen Bären etwas aus der Richtung des Gartens. Einer scherte aus und suchte augenblicklich das Weite, während die anderen beiden zögerten und sich auf die Hinterbeine stellten, um besser sehen zu können. Draußen auf dem Rasen griff ein schnaubender, sich aufblähender Bär an. Die Jugendlichen – Scar, Sarge und Toby –

liefen in den Wald und retteten sich auf große Bäume. Doch der Angreifer war ihnen dicht auf den Fersen und kletterte direkt hinter dem unglücklichen Toby den Baum hinauf. Die beiden Bären kletterten buchstäblich um die Wette, gut 20 Meter bis in die Spitze hinauf. Erst dann zog sich der Verfolger auf dem Baum ein oder zwei Meter zurück.

In der Zwischenzeit hatten Patti und ich uns zum Haus zurückgezogen. »Was ist hier los?«, fragte sie.

Ich schüttelte den Kopf: »Ich hab keine Ahnung.«

In der Aufregung gelang es Scar irgendwie zu entwischen, aber der aggressive Bär hielt immer noch zwei Bären, Sarge und Toby, auf den Bäumen in Schach. Er stand abwartend und beobachtend unter den großen Pappeln. Sobald einer der beiden Männchen herunterzuklettern versuchte, rannte der Bär zu dem Baum, kletterte hoch und drängte den Bären zurück. Wir standen ungefähr 40 bis 50 Meter entfernt und beobachteten den Angriff. Der aggressive Bär scheuchte die beiden Jungbären immer wieder zurück auf die Bäume. Er schien nicht viel größer als die jungen Männchen zu sein, die zu jener Zeit wahrscheinlich um die 70 bis 80 Kilogramm wogen. Doch er hielt sie vollkommen in Schach. Sie klammerten sich an jene Bäume, als ginge es um ihr Leben, und es sah auch ganz danach aus.

»Vermutlich ist das einer dieser seltenen verrückten Bären, von denen wir gelesen haben«, sagte Patti. »Ich meine, einer unter tausenden, der ohne Vorwarnung Menschen oder alles, was sich in seiner Reichweite befindet, angreift. Wir haben nur Glück gehabt, dass er die Bären und nicht uns im Visier hatte. Ich kann nicht so schnell auf einen Baum klettern wie sie.«

»Wahrscheinlich hast du Recht«, erwiderte ich. »Vielleicht sollten wir versuchen, ihn zu vertreiben, damit die Jungs entkommen können.« Ich versuchte es mit der Steinschleuder, konnte aber den gut getarnten Bären nicht erwischen. Zwischen seinen wilden Attacken schien er mit dem Unterholz zu verschmelzen.

»Okay, wir versuchen es mit dem Jeep«, meinte ich. Patti sah mich zweifelnd an. In dem Augenblick fühlten wir beide, dass sehr wohl die Möglichkeit bestand, dass der Jeep angegriffen wurde. Wir rechneten damit, dass der Bär jeden Moment auf uns zusprang. Ich schaltete in den Allradantrieb und wir machten einen Satz nach vorn ins Gestrüpp auf den Ort des Geschehens zu. Schließlich gab der fremde Bär auf und rannte weg. Sicherheitshalber hupte ich noch einmal.

Wir drehten eine kleine Runde und kamen beim Garten heraus, wo wir anhielten und das Fenster öffneten, um zu hören, was vor sich ging. Wir erwarteten, dass die großen Bären von den Pappeln herunterglitten, doch stattdessen hörten wir das unverwechselbare Rufen eines Jungen direkt über uns in den Ästen einer großen Fichte. Ich schaute hinauf und sah gleich zwei von ihnen. Ihre Schreie glichen in Tonhöhe und Intensität dem Kreischen einer Siamkatze.

»Ach du meine Güte, du ahnst es nicht.« Patti hielt an. »Unser verrückter Bär ist eine Bärenmutter, die ihre Jungen beschützt.«

»Dann ist sie aber eine wild entschlossene Mutter«, sagte ich voller Respekt für den kleinen weiblichen Bären, den wir auch in Zukunft nur Crazy Bear, den verrückten Bären, nannten.

Als wir über die Wiese zurückfuhren, konnten wir hören, wie Sarge und Toby von den Bäumen rutschten und sich aus dem Staub machten. Sie hatten eine Lektion über Bärenmütter erhalten. Das nächste Mal würden sie nicht mehr zögern, sondern laufen was das Zeug hält.

Obwohl wir nur selten Bär gegen Bär Attacken beobachteten, so wie diese von dem vermeintlich verrückten Bären, wurde es dabei im Laufe der Jahre offensichtlich, dass fast alle Bären den Scheinangriff, das Aufblähen und drohende Gebärden dem tatsächlichen Kampf vorzogen. Immerhin sind sie große, kraftvolle Tiere. Sie könnten einander verletzen.

Einige dieser Drohgebärden traten in Zusammenhang mit Futterneid auf. Der frühere Fressnapf, den wir benutzt hatten, war bald verbogen und verbeult. Wir ersetzten ihn durch einen robusten, roh behauenen Kasten, den wir auf einer unserer Entdeckungstouren im Wald gefunden hatten. Der Kasten maß ungefähr 60 Zentimeter im Quadrat und war 15 Zentimeter tief. Er fasste 14 bis 18 Kilogramm Samen und war gerade so groß, dass ein hungriges Junges hineinklettern konnte.

Als sie größer wurden, wollte unweigerlich jedes der jungen Männchen den Kasten mit den Kernen unter seine Kontrolle bringen. Zuerst legten sie eine große Tatze darauf und versuchten, ihn zu sich herüberzuziehen. Dann war der eigenartige kehlige Laut, den wir »das Summen« nannten, zu hören. Man kann ihn kaum mit Worten beschreiben, doch hört es sich ungefähr so an: »waaaaa-wah-wah-wah« – ein explosionsartiges Stakkato eines einzigen hohen Tons. Bei drei männlichen Bären, die alle in verschiedenen Tonlagen summen, hört sich das wie ein Chor beim Einsingen an. Sie setzen dieses Spiel gern mit unterschiedlicher Intensität und Tonhöhe mehrere Minuten lang fort, um unmissverständlich ihren Dominanzanspruch zu demonstrieren.

Patti und ich haben diese »summende« Auseinandersetzung der Bären über das Futter unzählige Male gehört, wobei sie manchmal ihren Kiefer öffneten oder sogar mit den Zähnen schnappten, doch wir haben nur selten erlebt, dass daraus physi-

Junge Männchen am Futterkasten.

sche Gewalt hervorging – es sei denn, ein Bär war bedeutend größer oder aggressiver und ein anderer gab nach, worauf sich ein kurzer Angriff abspielen konnte.

In jenem Sommer war es Ende August sehr heiß. Nicht einfach nur warm, sondern wie in alten Zeiten richtig glühend heiß. Bis zum Tag der Arbeit, dem ersten Montag im September, stieg das Thermometer auf 32, 33° C. Wir wollten uns in jenem Jahr eigentlich in den allgemeinen Festtagstrubel stürzen, doch als wir sahen, dass die Zwillingsstädte Minneapolis und St. Paul glühten, änderten wir unsere Meinung. Wir blieben stattdessen mit der jugendlichen Bärengang daheim und erfreuten uns an der Vorstellung, dass die Jäger schwitzend auf ihren Hochständen saßen.

Es gab einen kleinen Tümpel im Elbow Creek, gleich unterhalb unseres Hauses, an dem wir Ausschau halten und beobachten konnten, wie die Bären im kühlen Wasser untertauchten. Sie genossen das, aber meistens lagen sie dösend im Schatten herum und bewegten sich so wenig wie möglich. Ihr schwerer Winterpelz war dicht und lang gewachsen und speicherte jede Art von Hitze.

Little Bit kam zu uns auf die Veranda, während die anderen auf dem Rasen balgten. Ihr war heiß, sie japste und fühlte sich unwohl.

»Ich habe etwas, dass dir gefallen könnte, Little Bit«, sprach Patti die Bärin an. Sie ging hinein, öffnete eine kleine Packung Dosenmilch und vermischte sie mit vier Litern eiskaltem Wasser. Kaum zu glauben, aber diese Bärin wäre vor Seligkeit fast gestorben. Sie schlürfte die Milch in 30 Sekunden blitzschnell auf und wandte sich dann an Patti, so als wollte sie sagen: »Danke für diesen Genuss.« Danach wussten wir, was sie – bei besonderen Gelegenheiten – am meisten genoss.

Wie alle Bären, so rieb auch Little Bit häufig ihren Rücken gegen die Sitzfläche der Bank, welche die Veranda einfasste. Wir hatten gelesen, dass Bären auf diese Weise ihre Geruchsmarke hinterlassen, aber für uns hatte es eher den Anschein, als handele es sich um einen krätzigen Rücken und nicht um eine bewusste Anstrengung. Sie fing auch an, sich an Patti zu reiben, so als wollte sie ihr ein Bedürfnis nach Aufmerksamkeit signalisieren. Dann legte Patti einige Nüsse auf die Veranda oder auf die Sitzbank, wobei Little Bit diese verschmähte und mit ihrer Schnauze zu stupsen begann, bis sie von Hand gefüttert wurde. Ich denke, sie wurde langsam das, was man einen »bettelnden« Bären oder auch einen verzogenen Fratz nennen könnte.

Die letzten Wochen vor dem Winterschlaf waren immer die härtesten Wochen für die Bären. Sie wurden nicht nur gejagt, sondern waren auch unglaublich hungrig und die Nahrungsquellen versiegten. Häufig verliert ein Bär während dieser Zeit an Gewicht, so sagen die Experten. Also hielten wir uns Anfang September einen guten Vorrat an Korn und Kernen, damit die Jungs nicht zu viel umherstreiften und gar Schwierigkeiten mit den Jägern bekamen.

Um den Tag der Arbeit herum tauchte ein weiterer Besucher auf, der fest entschlossen war, sich seinen Anteil der Nahrung zu sichern. Die Nacht war bereits hereingebrochen, als wir auf der Veranda etwas hörten. Patti ging mit ihrer Taschenlampe hinaus. Es waren keine Bären oder Waschbären in Sicht, also ging sie hinüber zur dunkleren Seite, um auf die untere Veranda zu schauen. Dabei verfehlte sie den Neuankömmling Mr. Pepe Le Pew um zweieinhalb Zentimeter. Das Stinktier stand dicht neben ihren Füßen, als sie die Taschenlampe auf den Boden richtete, doch aus irgendeinem Grunde hatte es ihr keine Ladung verpasst.

Porträt einer jungen Dame.

Little Bit hatte da weniger Glück. Sie kam am nächsten Tag zurück und roch genau wie Pepe. Weil wir nicht einmal hinauskamen, um ihr Gesellschaft zu leisten, schaute sie verloren durch das Fenster hinein. Pepe war für ungefähr eine Woche bei uns und wurde dann nie wieder gesehen. Little Bit machte uns einige Tage lang »Dampf«, bevor sich der Geruch verzog.

Ob Sie es glauben oder nicht, Bären riechen für gewöhnlich recht neutral oder zumindest entspricht ihr Geruch der Umgebung, in der sie sich aufhalten. Little Bit roch häufig nach Kiefern. Wir nannten sie scherzhaft unseren pelzigen Weihnachtsbaum. Nur das eine Mal, als sie den Zusammenstoß mit Mr. Le Pew hatte, roch sie unangenehm.

Zwei Klimazonen, Blaubeeren und Bären

In Minnesota lebten wir in einem ländlichen Gebiet des Cook County, das Maple Hill genannt wird. Es liegt knapp zehn Kilometer nördlich von Grand Marais, war 300 Meter höher gelegen und besteht aus Land, das von abgehärteten Schweden und Norwegern besiedelt worden war, die sich in den hügeligen Bergen und dem kühlen Klima wohl gefühlt hatten. Sie versuchten es mit der Landwirtschaft und ernteten Kartoffeln, gelbe Kohlrüben und andere Knollenfrüchte aus dem steinigen Boden, doch das war es dann auch schon. Mit einer Wachstumszeit von weniger als 90 Tagen konnten sie sich glücklich schätzen, wenn sie die Heuernte zur Versorgung ihrer Pferde und Kühe einfahren konnten. Getreide wuchs zu langsam.

Heute gehören 88 Prozent der 7800 Quadratkilometer des Cook County Bund, Land und Gemeinden. Der Landkreis hat etwa 4000 Einwohner und damit die geringste Einwohnerzahl aller Landkreise in Minnesota. Obwohl die Region für die Landwirtschaft ungeeignet und nicht einmal einen landwirtschaftlichen Vollerwerbsbetrieb trägt, ernährt sie eine üppige Vielfalt wild lebender Tiere: Elche, Bären, Rotwild, amerikanische Wölfe, Kojoten, Biber, Fischotter, Marder, Rotluchse, Luchse, Otter und sogar hier und da einen Berglöwen. Die Behauptung, dass es mehr Bären als Menschen im Landkreis gibt, ist nicht aus der Luft gegriffen.

In Minnesota ist diese Region einzigartig, weil dort zwei Klimazonen anzutreffen sind. Am Lake Superior bleiben die Sommer infolge des Seewassers kalt und die Winter relativ gemäßigt. Abseits des Sees und höher gelegen, wo wir wohnten, war es im Sommer 5–10° C wärmer und im Winter dementsprechend kälter. Wir hatten dort oben auch stets viel mehr Schnee. Infolge dieser klimatischen Unterschiede wanderte unsere Rotwildherde im Winter hinunter an den Lake Superior und im Frühling zurück in die höher gelegenen Gebiete. Wölfe und Kojoten, die den verschiedenen Rotwildherden im Winter hinunter zum See folgten, streiften häufig am zugefrorenen Seeufer entlang und hofften darauf, ein unachtsames Reh reißen zu können. Im Frühling setzte die Schneeschmelze am Seeufer viel früher ein als im Landesinneren. Während am Ufer des Sees bereits erste, noch verschlafen wirkende Bären gesichtet wurden, schnarchten die Bären ein paar Kilometer weiter noch glücklich unter einer 90 Zentimeter dicken Schneedecke vor sich hin.

Im Frühling 1992 warteten Patti und ich zum ersten Mal voller Aufregung gespannt auf die Rückkehr unserer Bärenmannschaft. Wir rechneten tatsächlich damit, dass sie zurückkehrten, vor allem Skinny und Little Bit.

Bis dahin hatte sich die Kunde, dass wir eine Gruppe von Bären zu Besuch hatten, bereits wie ein Lauffeuer herumgesprochen, und einige der Anwohner waren beunruhigt. In jenem Jahr hatte sich Anfang Mai eine Dame, die mehrere Kilometer entfernt lebte, bei uns beschwert, dass einer »unserer« Bären bereits ihren Vogelfutterautomat zerstört hatte. Wir versuchten zu erklären, dass diese Bären wild waren, kamen und gingen, wie es ihnen beliebte, und dass es dort draußen neben den wenigen, die uns bekannt waren, viele andere Bären gab. Sie blieb skeptisch.

Wir hofften stets, dass alle Bären, denen wir einen Namen gegeben und mit denen wir Freundschaft geschlossen hatten, im Frühling zurückkehrten. In jenem Frühling war das tatsächlich der Fall. Sie hatten alle die herbstliche Bärenjagd und den Winterschlaf überlebt und kamen zu uns zurück; es war das erste und das einzige Mal während der ganzen Jahre, die wir am Elbow Creek verbrachten. Bären im Zoo werden 20 oder 25 Jahre alt, aber Bären in freier Wildbahn erreichen infolge der vielen Gefahren, denen sie begegnen, darunter vor allem Menschen mit Gewehren, kaum ein Alter von sieben bis acht Jahren.

Die uns bekannten Bären erlebten, nun als Dreijährige, den Beginn ihres vierten Sommers. Die jungen Bären kamen, alle außer Skinny, gegen Mitte Mai zurück: Scar, Toby, Sarge und W. H. Sie wurden von einem hübschen Männchen begleitet, das wir Pretty Boy nannten. Wir konnten ihn leicht an seiner hellen Schnauze erkennen.

An einem Tag, es war einige Wochen später, kam ich die hintere Treppe herauf. Wir hatten uns bereits kennen gelernt, und ich nahm nur am Rande Notiz von ihm, als er sich auf dem Rasen ausruhte.

»Pretty Boy, wie geht's dir, alter Junge?« Er stand auf und zog sich rückwärts gehend zurück. Ich blieb stehen, um sein ungewöhnliches Verhalten zu beobachten. Er wich immer weiter zurück, bis er das Unterholz am Rande des Waldes erreicht hatte, eine Distanz von gut 30 Metern. Ich schüttelte den Kopf und ging hinein, wo ich Patti von diesem seltsamen Rückzug erzählte.

An jenem Abend spielten und balgten einige der jungen Männchen wie üblich auf dem Rasen. Pretty Boy lag neben ihnen, nahm aber nicht am spielerischen Kampf teil. Als er uns kommen sah, stand er erneut auf, schritt zurück und behielt uns dabei die ganze Zeit aufmerksam im Auge. »Da siehst du es, das habe ich dir zu erklären versucht«, sagte ich. Der Bär zog sich tief in den Wald zurück und ließ uns fragend und staunend zurück.

Am nächsten Tag war Pretty Boy wieder auf dem Rasen und wiederholte sein seltsames Verhalten. Ein paar Tage später, als ich durch das Fenster schaute, sah ich ihn schließlich mit Sarge herumbalgen und spielen, und es schien wieder alles in Ordnung zu sein. Ich wollte mich gerade abwenden und seine seltsamen Rückzüge als eine weitere ungeklärte Verhaltensweise der Bären verbuchen, als Patti heftig an meinem Arm zog: »Schau mal, er blutet. Ich bin sicher, dass das Blut ist, was dort an seinem Fell herunterläuft.«

Ihre Augen sind besser als meine und so brauchte ich etwas länger, um es zu erkennen. Tatsächlich rann da etwas von oberhalb seiner linken Hüfte herab und war mit Sicherheit von roter Farbe. Wir setzten unsere Beobachtung fort und konnten bald etwas erkennen, was wie das Einschussloch einer Kugel aussah. Am nächsten Tag gelang es uns, einen genaueren Blick auf das zu werfen, was mit 99-prozentiger Sicherheit ein verschorftes Einschussloch samt verkrustetem, schwarz verfärbtem Blut auf dem Fell war. Offensichtlich war er auf der Flucht angeschossen worden, woraufhin er zu uns zurückkehrte, um sich zu erholen. Er schien so lange zu genesen, bis er sich an den kleinen Rangeleien beteiligte. Durch diese Balgerei brach seine Wunde wieder auf.

Was seine seltsamen Rückzugsmanöver betraf, so versuchte Pretty Boy lediglich zu vermeiden, dass er erschossen wurde. Da er verwundet worden war, als er wegrannte, war er nun entschlossen, niemandem noch einmal dasselbe Ziel darzubieten. Durch sein Zurückschreiten schützte er einfach nur, so gut er konnte, seine verletzte Hüfte. Ungefähr zwei bis drei Wochen lang verschorfte und brach die Wunde immer wieder auf, bevor sie völlig heilte. Er fühlte sich nie wieder vollkommen wohl in unserer Gesellschaft.

Little Bit kehrte in der letzten Maiwoche in guter Verfassung zurück, sie war beinahe genauso groß und schwer wie ihre halbwüchsigen männlichen Gefährten. Wir hatten fast damit gerechnet, ein Junges an ihrer Seite zu sehen, da es im vorigen Sommer – nicht nur einmal – den Anschein gehabt hatte, dass sie und Skinny sich direkt auf dem vorderen Rasen paarten, doch es gab kein Junges.

Skinny traf kurz nach Little Bit ein, sodass die Besetzung nun vollständig war. Er war ziemlich groß geworden und beharrte stärker darauf, seinen eigenen Willen durchzusetzen. Ich bewegte mich, in der Absicht aufzustehen und hineinzugehen, und er wirbelte mit seiner ausgestreckten Tatze herum und erwischte mein Hemd, wobei er nur knapp meine Seite verfehlte. Ich bin sicher, dass dies eine natürliche Verteidigungsgeste war, aber danach bewegte ich mich in seiner Nähe etwas vorsichtiger. Hinter Patti trottete er jedoch wie ein großer schwarzer Teddybär hinterher.

Obwohl er sich zu Little Bit immer noch sanft und fast werbend verhielt, begann Skinny, auch in anderer Hinsicht seine Beziehung zu mir stark zu belasten. Eines Nachts wurden wir durch dumpfes Schlagen und lautes Krachen auf der unteren Veranda geweckt. Als wir hinuntergingen, sahen wir, dass Skinny versuchte, die Verandatür auseinander zu ziehen.

Wir begannen, mögliche Alternativen für seine Zukunft mit uns zu diskutieren, doch die Angelegenheit erledigte sich eine Woche später von selbst, als Skinny uns verließ und nicht wieder auftauchte. Wir nahmen an, dass er bei einem anderen Haus oder sogar mit einem anderen Bären in Schwierigkeiten geraten war. Oder er hatte vielleicht eine reizende Bärin gefunden, der er

Little Bit an Pattis Seite.

den Hof machte. Was auch immer die Ursache dafür gewesen sein mag, dieses Mal war seine Wanderschaft von dauerhafter Natur.

Skinnys Verschwinden setzte bei Patti und mir eine Diskussion in Gang, in deren Verlauf wir uns fragten, ob wir diese Bären durch das Füttern mit Kernen und durch unsere menschliche Gesellschaft korrumpierten oder nicht. Setzten wir ihre natürliche Angstschwelle gegenüber den Menschen herab? Neigten sie möglicherweise zu verhängnisvollem Vertrauen anderen gegenüber, weil sie es bei uns so kennen gelernt hatten? Über diese Dinge dachten wir häufig nach.

In der Folgezeit erlebten wir diese Art von zerstörerischem und aufdringlichem Verhalten jedoch bei keinem der anderen mit uns befreundeten Bären. Sicherlich gingen sie an den Abfall, wenn wir ihn draußen stehen ließen, doch im Laufe der ganzen

Jahre zeigten sie nicht einmal ein Interesse an unserem Garten. Und als wir langsam mehr über Bären lernten, konnten wir ihr Verhalten immer besser einordnen und verstehen.

Im Juni hielt es Little Bit ebenfalls nicht mehr länger zu Hause und sie begann herumzustreunen. Zu Anfang dachten wir, sie sei auf die Suche nach Skinny gegangen, doch eines Tages schaute Patti hinaus, und dort saß sie auf der Veranda: Sie war nicht allein zurückgekehrt. »Jack, komm doch mal heraus und schau dir das an. Du wirst es nicht glauben. Unser kleines Mädchen wird erwachsen.«

Wir gingen auf die rückwärtige Veranda hinaus und Patti deutete auf die tiefer gelegene Etage. Ich schaute über das Geländer, konnte infolge des hohen Unkrauts aber nichts sehen. Dann, als ich mich umdrehte, sah ich ihn. Ein großes, sehr großes schwarzes Männchen. Er hob herausfordernd den Kopf, blinzelte im Sonnenlicht beinahe und war auf der Suche nach Little Bit. Selbstgefällig kletterte sie auf die Bank, streckte ihre Beine durch das Geländer und begann, die Sonnenblumenkerne aufzuschlecken, die wir für die Vögel oben auf das Geländer gestreut hatten. Es war ihr Lieblingsplatz auf der Veranda. Das Männchen scharrte untätig auf dem Boden, wandte sich in die eine und in die andere Richtung und versuchte, den Backenhörnchen zu folgen, die in rasender Eile um ihn herumschossen, die Treppen hinaufhuschten und ihre Backen mit Kernen voll stopften. Little Bit kletterte hinunter, ging hinüber zu Patti und berührte auf der Suche nach ihren Lieblingsnüssen sanft mit ihrer Schnauze Pattis Hand.

»Tut mir leid, meine Kleine«, zwitscherte Patti und kniete sich halb nieder, damit sie der Bärin den Nacken kraulen konnte. »Ich war so aufgeregt über deinen neuen Freund, dass ich glatt ver-

Ein schüchterner Bewerber wartet auf Little Bit.

Lässig entspannt Little Bit auf der Veranda.

gessen habe, dir deine Nüsse mitzubringen.« Little Bit bewegte sich gemächlich auf die Treppe zu und schaute zu ihrem neuen Freund hinunter. Als er sie sah, kletterte er zwei Stufen hinauf, schnupperte dann vorsichtig an ihrem Nacken und stupste sie mit der Schnauze an. Sie leckte an seiner Nase, und zusammen gaben sie das Bild eines frisch verliebten Paares ab. Sie drängte sich auf dem Weg hinunter auf dem ausgetretenen Bärenpfad, der zum Bach führte, an ihm vorbei. Pflichtbewusst folgte er ihr, bis sie außer Sichtweite waren. Bald konnten wir das Knirschen der Steine hören, als das Bärenpaar langsam durch den Bach watete, wahrscheinlich auf dem Weg zu einem weichen Ruhelager für eine Nachmittagssiesta.

»Waow!«, war Pattis Kommentar, »ich fühle mich wie eine frisch gebackene Schwiegermutter.«

Ich lachte. »Stimmt, sie brachte ihren neuen Freund mit nach Hause, um ihn uns vorzustellen. Du hast Recht, unser kleines Mädchen wird erwachsen.«

Sie verbrachte ungefähr drei Tage mit ihrem neuen Bärenfreund, was ein typisches Paarungsverhalten von Schwarzbären zu sein schien. Dann kam sie zurück, und ein paar der jungen Männchen, besonders Scar, folgten ihr auf Schritt und Tritt, doch ihr Interesse war allenfalls beiläufiger Natur.

In jenem Monat kauften wir eine Videokamera, um das Verhalten der Bären für die Nachwelt besser zu dokumentieren. Ich wurde nie ein besonders guter Filmer, und meine ersten Versuche waren geradezu lächerlich. Ein einjähriges Junges, das gerade von seiner Mutter verlassen worden war, wurde mein erstes Objekt. Es war ein munterer kleiner Kerl, aber noch nicht sehr erfahren im Umgang mit der Welt. An einem bewölkten Sonntagmorgen kletterte er an einem Eckpfeiler hinauf, um sich ein paar

Kerne zu holen. Er warf einen Blick über die Veranda, ich kam näher und er zog sich wieder den Pfeiler hinunter zurück. Daraufhin wich ich zurück, und er arbeitete sich erneut vor. Ich ängstigte ihn aufs Neue, und er setzte zum Rückzug an. Schließlich ging ich die Treppe hinunter und näherte mich der Stelle, wo er sich am Pfeiler fest hielt. Das irritierte ihn. Er wandte seinen Kopf ab und tat so, als sei ich nicht da. Dann stand er auf, streckte sich und startete den Versuch einer Furcht einflößenden Scheinattacke, wobei sich seine gesamten 14 Kilogramm schnaubend aufplusterten. Ich drehte 15 oder 20 blutige Anfängerfilmminuten ab, ließ es dann für den Tag gut sein und kehrte auf die Veranda zurück.

Little Bit war ebenfalls auf dem Weg zur Veranda, also setzte ich mich draußen hin und drehte einige Meter Film von ihr. Das kampflustige Junge kam noch einmal den Pfeiler heraufgeklettert. Little Bit schritt vorsichtig um mich herum, inszenierte dann eine Scheinattacke gegen das Junge und schickte es auf diese Weise wieder den Pfeiler hinunter. Der Kleine stand unten, hielt sich fest und wartete darauf, dass Little Bit sich entfernte. Er zeigte Ausdauer. Irgendwie brachte dieser Affront das sonst so sanftmütige Weibchen in Rage. Sie schaute über den Rand der Veranda und versuchte, ihn zuerst durch einen Blick, dann durch ein Schnauben abzuweisen, doch wie gesagt, der Jährling war nicht der Schnellste. Seit einigen Tagen schon war er in der Nähe und hatte immer noch nicht entdeckt, dass es viel einfacher war, die Treppe zur Veranda hinaufzulaufen als am Pfeiler hochzuklettern. Er war der einzige Bär, der das niemals kapierte.

Patti kam heraus und sah Little Bits Hinterteil in die Luft ragen und ihren Kopf von der Veranda hinunterhängen. »Was macht sie denn da für Verrenkungen?«, fragte sie.

»Dort unten ist ein kleines einjähriges Junges«, erwiderte ich.

»Der Kleine beabsichtigt, ihre Geduld auf die Probe zu stellen.« Wir hatten nie zuvor gesehen, dass sie sich ernsthaft über einen anderen Bären aufregte, doch sie konnte es nicht ertragen, dass dieses Junge hier ausharrte. Es hatte sie scheinbar auf dem falschen Fuß erwischt. »Lass ihn in Ruhe, Little Bit«, sagte ich. »Er wird dich nicht stören.«

Bei dem Klang meiner Stimme kam sie zu mir herüber und fraß einige Kerne aus meiner Hand, als wollte sie sagen, es täte ihr Leid. Sie hörte stets auf ihren Namen und gewöhnlich kam sie auch, wenn sie gerufen wurde, selbst aus einer Entfernung von 100 Metern. Sie verstand auch Skinnys Namen und wahrscheinlich auch andere Dinge, die uns nicht bewusst waren. Es war also nicht ungewöhnlich, dass sie zu mir herüberkam. Ungewöhnlich war das scharrende Geräusch der Tatzen des Jungtiers, das wieder den Pfeiler heraufgeklettert kam. Oh, nein, dachte ich. Und tatsächlich, jetzt reichte es Little Bit. Sie war nicht mehr zu bremsen. Sobald sie den Kopf des Jungen über dem Verandaboden auftauchen sah, wirbelte sie um mich herum und hastete ihm entgegen. Ihre Raserei war für mich ein Schock.

»Little Bit, Little Bit«, rief ich in dem Versuch, ihre Aufmerksamkeit auf mich zu lenken. Doch sie hatte es nun völlig auf das Junge abgesehen. Sie quetschte sich mühevoll unter der Bank hindurch und sauste dann den Pfeiler hinunter. Das Junge war in der Zwischenzeit zu einer großen Espe in sieben bis acht Metern Entfernung gerast. Es hatte mittlerweile verstanden, worum es ging. Der Kleine kletterte am Stamm hinauf und wurde dicht gefolgt von einer schnaubenden Little Bit, die sich beim Klettern etwas schwerfällig zeigte.

Und dann, als sie ungefähr die Mitte des Baumes erreicht hatte und das Junge hoch über ihr in den Zweigen hing, hielt Little Bit vor lauter Erschöpfung inne und begann, auf Pattis Stimme zu hören, die nach ihr rief. »Little Bit, komm herunter und lass das Junge in Ruhe!«, sagte sie und sprach dabei mit unnachgiebigem, mütterlichstrengem Tonfall. »Komm hierher, Little Bit, und zwar sofort!« Die Bärin schaute hinunter, dann hinauf, dann wieder hinunter zu Patti, die in die Hände klatschte. Sie zögerte, machte dann aber langsam Anstalten, vorsichtig rückwärts vom Baum hinunterzuklettern. Wir fragten uns oft, ob sie versucht hatte, uns zu beschützen, oder ob es um einen Revierkampf ging. Obwohl das Junge auch 15 Minuten später, als wir hineingingen, immer noch im Baum saß, hatte Little Bit bis dahin jegliches Interesse an ihm verloren und schenkte ihm keine Aufmerksamkeit mehr. Sie nahm augenblicklich wieder ihr altes, ruhiges Wesen an.

In jenem Sommer hatten wir begonnen, über die Art und Weise der Bärenaktivitäten Buch zu führen. Aus meinen Aufzeichnungen ging hervor, dass der Kleine an dem Tag, als Little Bit hinter ihm den Baum hinaufkletterte, noch fünfmal zurückkehrte. Ein weiterer Eintrag besagt, dass es an jenem Tag windig und das Junge unruhig war. Starker Wind war keine Seltenheit, und möglicherweise war er eine Ursache für Little Bits Reizbarkeit. An stürmischen Tagen, wenn die Wälder rauschten und knackten und Gerüche wirr durch die Luft schwirrten, wurden Bären jeden Alters ungebärdig.

Um etwas Unkraut zu jäten, ging ich Mitte Juni hinauf zu dem, was wir scherzhaft unseren Garten nannten. Eigentlich hatte ich den Garten angelegt, um eine Quelle witziger Geschichten für die Zeitung zu schaffen. Tatsächlich war das Gärtnern unter derart steinigen Bedingungen so abscheulich, dass es an sich und allein deshalb schon ein Witz war. In mehreren mühevollen Jahren erntete ich nicht eine einzige Ähre reifen Korns. Der Salat war nur selten essbar. Die Erbsen und Bohnen gediehen mit wechselndem Erfolg. Nur Wurzelgemüse wie Kartoffeln, Karotten, rote Beete und dergleichen waren ansatzweise ein Erfolg. Und natürlich der Rettich, er war exzellent. Ich pflegte damals darauf hinzuweisen, dass ich ein Star gewesen wäre, wenn es ein Rezept für eine warme Rettichmahlzeit gegeben hätte.

Was Little Bit am Gärtnern interessierte, war einzig der Gartenschlauch. Sie spielte mit ihm und kaute darauf herum, sodass er am Ende wie ein Sieb aussah und die Bewässerung zum Problem wurde. Angesichts von Trockenheit, kalter Witterung, steinigem Boden, Frösten im Hochsommer und eigensinnigen Elchen auf der Durchreise stellte die Gärtnerei selbst mit einem funktionstüchtigen Wasserschlauch ein zweifelhaftes Unterfangen dar, aber nachdem sie ihn zerlöchert hatte, war es damit nun auch vorbei.

Bären werden manchmal als sture, schwerfällige Einzelgänger dargestellt, doch die meisten von ihnen scheinen das intensive Bedürfnis zu haben, sich von Zeit zu Zeit einfach gehen zu lassen und herumzualbern. Als Halbwüchsige forderten sie sich bei jeder Gelegenheit heraus und kämpften spielerisch miteinander. Das Spielen mit dem Wasserschlauch war nur einer von Little Bits zahlreichen Zeitvertreiben, die sie im Laufe der Jahre zu ihrem Vergnügen erfand. Als sie und Scar die Schaufel fanden, die ich einmal an der Wand des Schuppens abgestellt hatte, spielten sie damit ein Wurfspiel, bis sie sich schließlich langweilten und sich davonmachten.

Doch was den Garten betrifft, so war ich ernsthaft bei der Sache. Als ich an einem kalten Morgen auf den Knien am Unkrautjäten war, schaute ich auf und sah einen Jährling, der nach Getreidekörnern im Gras suchte. Das Junge hatte innegehalten, schaute mich an und fragte sich wohl gerade, was für eine Art Tier ich sei, so auf allen vieren am Boden. Sehr wahrscheinlich eine etwas seltsame Spezies. Zuerst dachte ich, es sei dasselbe Junge, das wir vor kurzem bei seinem Kletterversuch auf unserer Veranda gesehen hatten, und ich ignorierte es. Ich schaute es nie direkt an, hielt meinen Kopf weiter geneigt und fuhr mit meiner Arbeit fort, wobei ich es aus den Augenwinkeln beobachtete. Doch nachdem es etwas herumgelaufen und aus Angst, ich könne es verfolgen, eine Reihe von Bäumen hinauf- und wieder hinuntergeklettert war, sah ich, dass es noch ein weiterer Neuankömmling sein musste.

Am Ende kam er vorsichtig von einer Espe geklettert, stand unten auf seinen Hinterbeinen und krallte sich mit seinen Vordertatzen für den Fall, das ein Fluchtweg vonnöten war, am Stamm fest. Ich fing an zu summen, und nach ungefähr einer Stunde hatte er sich auf einen Meter herangewagt. Er war ein neugieriger und schöner kleiner Kerl. Er hing herum und beobachtete mich bei meinem Tun. Ich meinerseits fragte ihn, ob er mir nicht beim Unkrautjäten helfen wolle.

Wieder zu Hause angekommen, erzählte ich Patti von meinem »Assistenten« oben im Garten. Wir nannten ihn das Kornjunge, und den anderen, der über die Veranda geschaut hatte, nannten wir das Kernjunge. Diese beiden Jährlinge kamen und gingen den ganzen Sommer über, aber seltsamerweise verbrachten sie nie viel Zeit miteinander. Der eine bevorzugte den Aufenthalt neben dem Kornhaufen im Garten, während der andere ständig von größeren Bären von der Veranda vertrieben wurde.

Mitte des Sommers 1992 hatten wir fast zwei Jahre lang mit der Beobachtung von Bären verbracht. Es war ein bedeutender Einstieg in das Verständnis zumindest einiger ihrer Verhaltensweisen. Eine unserer wichtigsten Lektionen bestand im Vertreiben von unliebsamem Bärenbesuch. Bis dahin hatten wir drei verschiedene Methoden erlernt. In schwierigen Fällen, wenn wir es wirklich darauf abgesehen hatten, dass der Bär verschwand, oder wenn andere Methoden keinen Erfolg gezeigt hatten, griffen wir zur Steinschleuder. Da sie nur ein kleines, stechendes Ziehen verursachte, musste ein Bär drei- oder viermal getroffen werden, bevor er begriff. Bären haben jedoch ein ausgezeichnetes Gedächtnis, und ich versuchte nicht, mit einem Bären Freundschaft zu schließen, dem ich bereits mit der Steinschleuder eins über den Pelz gebraten hatte.

Für den Nahkampf, beispielsweise zum Schlichten eines Streits am Futterkasten, hatten wir den Bärenstock, einen schweren Stock aus Hartholz mit knapp acht Zentimetern Durchmesser und 1,2 Metern Länge. Ich schlug die Bären damit nicht etwa, sondern ließ den Stock einfach donnernd auf die Veranda niederkrachen. Es war erstaunlich, wie die Bären allein auf das Gewicht und das in der Hand Hin- und Herwiegen des Stockes reagierten und auseinander stoben.

Die effektivste Methode, um einen Bären das Weite suchen zu lassen, bestand aber in der einfachen Zurschaustellung von mutigem Selbstvertrauen. Das war der Freifahrtschein, der die Angelegenheit klärte. Geht man entschlossen auf einen Schwarzbären egal von welcher Größe zu, so gibt er gewöhnlich auf und flieht – insbesondere dann, wenn es sich bei der herannahenden Person um ein männliches Wesen handelt. Bären können das Geschlecht eines Menschen wahrnehmen. Fragen Sie mich nicht, wie sie das machen, aber sie tun es. Patti konnte das Gleiche versuchen wie ich, doch wenn sie einmal erkannt hatten, das sie weiblichen Geschlechts war, blieb der gewünschte Erfolg aus. Es ist nicht nötig, dass man schreit, kreischt, auf Schüsseln schlägt oder ruft, damit diese Methode erfolgreich ist. Das entschiedene Auf-sie-zu-Gehen ist ausschlaggebend.

Wenn Sie dann wirklich einen Furcht einflößenden Eindruck hinterlassen wollen, so fügen Sie Ihrem Gang einfach noch etwas Eigenartiges hinzu. Gleiten Sie anstelle des Gehens. Oder schwingen Sie die Arme wie ein Vogel. Das schlägt selbst den mutigsten Bären in die Flucht.

Ich kann nicht dafür garantieren, dass diese Methoden bei jedem Bären funktionieren. Bei mir waren sie jedoch während der gesamten sechs Bärenjahre erfolgreich.

Little Bit verstand sofort, dass ich ihr zu Hilfe eilte, wenn ich mit dem Stock oder der Steinschleuder auftauchte. Das war gewöhnlich dann der Fall, wenn ich streitende Männchen von der Veranda scheuchen musste. Sie kam sofort hinter mich gelaufen und war sich sicher, dass ich sie beschützte.

Doch eines Tages, als ich ein hartnäckiges Männchen zu verscheuchen versuchte, spazierte Little Bit ebenfalls im Wald herum, als ich gerade nachlud. Ich schaute nicht so genau hin und schoss einfach auf das, was ich für das Männchen hielt, und traf stattdessen sie.

Als Patti auf der unteren Veranda nachschaute, fand sie Little Bit, die sich die Hüfte leckte, an der sie getroffen worden war. Zweifellos verspürte sie für ein paar Sekunden einen Schmerz, doch die weit ernsthaftere Verletzung war ihren Gefühlen zugefügt worden. Patti versuchte sie heraufzurufen, doch sie musste mit einer Hand voll Mandeln und ausgiebigem Kraulen hinter den Ohren bestochen werden, damit sie näher kam. »Du hättest ihren Gesichtsausdruck sehen sollen«, meinte Patti später. »Sie spitzte schmollend die Lippen und schaute mich an, als wolle sie sagen: ›Wie konntest du ihm das nur erlauben?‹«

Es war der einzige Fehler dieser Art, der mir unterlief, und glücklicherweise hatte sie ihn bald verschmerzt.

Mitte Juli bemerkte ich auf dem Hof vor dem Haus einen Jährling, der sich seltsam verhielt. Ich konnte nicht sagen, ob es ein ständiger Gast von uns war, also rief ich Patti aus der Küche herbei. »Nein, ich bin mir sicher, dass es nicht das Kern- oder das Kornjunge ist. Warum fragst du? Was ist mit ihm?«

»Schau nur einen Moment lang zu«, sagte ich. Innerhalb von wenigen Sekunden wirbelte der Bär herum, rannte zu den Büschen und fiel hin. Er stand auf, torkelte ein wenig. Dann schüttelte er den Kopf und versuchte seine Orientierung wiederzuerlangen.

»Ich gehe hinaus und sehe nach, ob mit ihm irgendetwas nicht in Ordnung ist. Keine Sorge, ich bin vorsichtig.« Sie ging los, um sich das Junge genauer anzuschauen, aber es flüchtete zu einem Baum und ließ sie nicht zu dicht in seine Nähe. Als schließlich klar war, dass der junge Bär auch weiterhin auf Abstand bleiben würde, entschieden wir notgedrungen, dass er sich entweder aus eigener Kraft wieder erholen würde oder nicht. Es gab nichts, was wir tun konnten. Der Jährling verweilte für ein paar Minuten, um Wasser zu trinken und Kerne aus der Schale zu fressen, die Patti ihm hingestellt hatte. Als er sich umdrehte, um zu gehen, sahen wir schließlich, dass er in die Seite geschossen worden war.

Wir haben ihn nie wieder lebend gesehen, aber ungefähr einen Monat später fanden wir die Überreste eines Jungen von seiner Größe, als wir die Schneise unter der Stromleitung 800 Meter von unserem Haus entfernt entlanggingen. Nur das Fell und die Knochen waren übrig geblieben. Das Fleisch und das Gewebe waren bis auf den letzten Rest abgenagt worden. Wir nahmen den Schädel und die 20 Krallen mit nach Hause, wo sie heute mahnend an das Schicksal des Jährlings erinnern.

Die Blaubeerensaison beginnt um den 1. August herum und dauert zwei oder drei Wochen. Es ist die wilde, kleinwüchsige Sorte, bei der die Beeren innerhalb von wenigen Kilometern Entfernung große Unterschiede in der Qualität aufweisen können. Patti und ich waren stets auf der Suche nach neuen viel versprechenden Fundorten, fuhren herum und kontrollierten, ob die Beeren an Ort und Stelle schon reif waren. Doch für Little Bit begann die Saison regelmäßig bereits eine Woche oder zehn Tage früher. Ihrem blauen Speichel nach zu urteilen, kam sie irgendwie stets sehr viel früher in den Genuss reifer Blaubeeren, bevor wir welche fanden. »Ich weiß nicht, wo du altes Mädchen dich herumtreibst«, sagte ich, »aber du weißt, wo sie zu finden sind.«

Little Bit liebte Blaubeeren, so wie auch jede andere Nahrung, die sie in freier Natur fand. Himbeeren, die sie ebenfalls im Überfluss aufstöberte, interessierten sie weniger – es sei denn, sie war sehr hungrig. Dann war es möglich, dass sie auch davon eine Kostprobe nahm.

Äpfel, die von den Anwohnern angebaut wurden und vornehmlich für Torten und Saucen verwendet wurden, wuchsen auf den alten Farmen reichlich. Einige Bären geraten in Schwierigkeiten, weil sie die Äste der Apfelbäume abbrechen, die sie auf einigen Anwesen finden. Unser Baum sah aus, als wäre ein Tornado über ihn hinweggefegt. Er war nicht groß genug, um einen Bären zu tragen, aber die Bären versuchten trotzdem hinaufzuklettern. Keiner der Äste war länger als gut einen halben Meter. Klar, dass der Ertrag stets spärlich ausfiel und die Bären uns mit der Ernte stets zuvorkamen.

Zweifelsohne steht Honig ganz oben auf dem Speiseplan eines Bären. Niemand weiß allerdings, dass Sonnenblumenkerne auch dort oben stehen. Aus diesem Grund werden so viele Vogelfuttervorrichtungen zerstört. Sie sind mit schmackhaften Kernen

Porträt einer jungen Bärenlady.

gefüllt und daher ein Hauptangriffsziel. Die meisten Bären, die wir kannten, aßen stundenlang Sonnenblumenkerne, wenn sich ihnen die Gelegenheit dazu bot.

Fernsehsendungen über Bären zeigen stets Braunbären, die Lachse fangen, wohingegen einige Schwarzbären aus den nördlichen Breiten Fisch nicht einmal als Nahrung betrachteten. Als Little Bit und Skinny ganz am Anfang zu uns kamen, gaben wir ihnen einige kleine Fische zu fressen, doch sie spielten nur mit ihnen. Wir boten auch mehreren anderen Bären Fisch an, aber auch sie rührten ihn nicht an.

Legt man ihnen jedoch einen verrotteten Baumstamm voller Raupen und Ameisen hin, dann sind sie selig. Patti und ich fuhren einmal eine überwucherte große Straße entlang und stießen auf einen Bären, der vor uns auf der Straße völlig darin vertieft war, einen alten Baumstamm auseinander zu nehmen. Wir fuhren langsam weiter, bis wir auf ungefähr sechs Meter herangekommen waren. Der Bär schaute ungläubig auf und wunderte sich, dass wir, ohne seine Aufmerksamkeit zu erregen, so dicht an ihn herangekommen waren, und floh ins Unterholz.

Im Frühling kam es manchmal vor, dass ein Bär daherkam und große Rasen- und Grasflächen, die vielleicht 90 Zentimeter breit und 1,80 Meter lang waren, aufwühlte und den Boden darunter untersuchte. Ein solches Verhalten beobachteten wir viele Male. Zu Anfang hatten wir keine Vorstellung von der Art der Nahrung, nach der die Bären dort suchten. Später kamen wir dahinter, dass sie nach den versteckten Wintervorräten an Sonnenblumenkernen buddelten, die sich die Backenhörnchen anlegten. Wenn ein Bär einen Tunnel entdeckte, begann er zu graben; häufig war der Tunnel lang und weit verzweigt mit einer Vielzahl von Eingängen. Der Bär verließ sich auf seine Nase, die ihn durch das Labyrinth hindurch schließlich zu den geheimen Lagern voller Kerne oder Nüsse führte. Bären schachteten manchmal Löcher von 60 oder 90 Zentimetern Tiefe aus, um an ihr Ziel zu gelangen.

Eines Tages war Scar damit beschäftigt, auf dem Hügel zwischen Rasen und Garten zu graben. Wir beobachteten, wie das Loch tiefer und größer wurde. Bald verschwand er in dem Loch und grub wie ein Hund. Wir vermuteten schon, dass er eine Höhle für seinen bevorstehenden Winterschlaf aushob, doch dann hörte er auf, legte sich hin und machte sich genüsslich über den versteckten Vorrat der Backenhörnchen her.

Die Nahrung war in jenem Herbst knapp und die Bären waren sehr hungrig. Aus Sorge, dass die Männchen möglicherweise von den Fallen einiger Jäger angelockt werden könnten, beschlossen Patti und ich, den Kornhaufen höher aufzufüllen. Auf der Stelle saßen alle vier unserer halbwüchsigen Männchen, unsere Stammgäste, zufrieden mampfend um den Kornhaufen herum. Als Anhaltspunkt dafür, welche Mengen Bären vor ihrem Winterschlaf zu sich nehmen, soll hier die Woche vom 3. bis zum 10. September dienen: In dieser Zeitspanne von einer Woche häuften wir ihnen gut 300 Kilogramm Korn auf. Durch die Bereitstellung des Getreides hielten wir die Männchen gleichzeitig von der hinteren Veranda fern und machten es auf diese Weise für Little Bit einfacher, dort mit uns so viel Zeit zu verbringen, wie sie wollte. Meistens schien sie damit zufrieden, einfach nur in der Nähe zu sein.

In jenem September stellten wir langsam eine Veränderung an ihrer Persönlichkeit fest. Sie schien unsere Gesellschaft derjenigen der anderen Bären vorzuziehen. An einem Freitagabend kamen wir von einem High-School-Footballspiel zurück und fanden sie auf der Seite liegend auf der Veranda vor, wobei sie ihre Tatzen fest gegen die Glasschiebetür gepresst hatte. Zuerst dachten wir, es sei etwas Schreckliches passiert, doch als wir näher zur Tür kamen, stellte sie ihren Kopf auf, und wir sahen, dass sie einfach nur ein Schläfchen gehalten hatte, während sie auf uns wartete. Dadurch, dass ihre Füße die Tür berührten, konnte sie fühlen, wenn sie sich öffnete und wurde geweckt, wenn wir herauskamen.

Obwohl wir erst Mitte September hatten, war das Geländer gefroren und ich konnte meinen Atem in der frischen Nachtluft sehen. Wir beschlossen, uns für ein paar Minuten zu ihr hinaus in den Mondschein zu setzen. Sie schien das Bedürfnis nach Gesellschaft zu haben. Vielleicht wusste sie, dass sie in ein paar Tagen gehen würde und wollte sich für diesen Sommer verabschieden.

Little Bit und Patti auf der hinteren Veranda.

Innerhalb der nächsten fünf Minuten hörten wir, wie von Westen her nicht weit entfernt, die Wölfe zu heulen begannen. Bei ihrem unheimlichen Gesang, ein unstimmiger Chor, den das Rudel mehrere Minuten lang ertönen ließ, stellten sich mir stets aufs Neue die Nackenhaare auf. Dieses Heulen ist wahnsinnig wild und nur an ganz wenigen Orten zu hören, aber wir saßen dort in der Dunkelheit mit einer Bärin, die sogar noch gespannter seinen Nuancen lauschte, als wir es taten. Bald nachdem die Wölfe zu ihrer melancholischen Serenade angesetzt hatten, erhob sich Little Bit schwerfällig und ging langsam über die Veranda, um zu verschwinden. Vielleicht hatten die Wölfe sie an Dinge erinnert, die sie noch erledigen musste, bevor sie in jenem Herbst sicher in den Winterschlaf gehen konnte.

Nach und nach verließen uns im September alle unsere »Stammgäste«, um ihren Winterschlaf anzutreten. Little Bit blieb bis zum 15. und Scar war der Letzte, er ging am 25. Normalerweise sahen wir bis zum folgenden Frühling keine Bären mehr, aber im späten September und frühen Oktober zogen noch einige Wanderer von weither vorbei.

In einer Nacht kamen drei Erwachsene und ein einjähriges Junges vorbei und verschwanden wieder. Das Kernjunge kehrte einige Male zurück und wurde von einem kleinen Weibchen begleitet, das wir Little Girl Bär nannten. Sie hatte ein Gesicht, das einfach wieder zu erkennen war, irgendwie etwas eingedrückt, und einen leichten Silberblick. Ungefähr zehn Tage lang blieb sie in nächster Umgebung. Sie begann sogar, auf der Veranda zu schlafen. Nachdem sie Gewicht zugelegt hatte, machte sie sich am 7. Oktober auf den Weg.

Wir wussten nicht, warum sich diese Bärin in einer derart schlechten Verfassung befand. Möglicherweise war sie krank ge-

Patti und Little Bit: Zwei, die sich verstehen.

wesen oder ihr Nahrungsvorrat war zur Neige gegangen. Doch am letzten Abend, den sie in jenem Herbst bei uns war, wurde sie unabsichtlich in eine Episode verwickelt, die den größten Schwarzbären auf den Plan rief, den wir bis dahin und überhaupt jemals gesehen hatten. Sie befand sich nach Einbruch der Dunkelheit auf der Veranda und es gesellte sich ein Paar jugendlicher Bären zu ihr, die sich wie ein Ei dem anderen glichen. Das Trio schien gut miteinander auszukommen, als Little Girl plötzlich anfing zu scheuen. Rasch hatte sie sich auf das Geländer am Rande der Veranda zurückgezogen und kam nicht mehr weiter. Das Geländer befand sich ungefähr 1,2 Meter über der Veranda und 4,25 Meter über dem Boden, sodass ein Fall in die Tiefe gefährlich, ja sogar fatal gewesen wäre.

In jenem Augenblick erschien ein riesiger Schwarzbär im erleuchteten Bereich der Veranda. Patti und ich waren im wahrsten Sinne des Wortes sprachlos. Der Bär war nicht fett, sondern einfach groß. Sein Fell war erstklassig. Er schaute zu Little Girl hinüber, ließ dann seinen Kopf sinken und nahm eine Schnauze voll Kerne. Die jungen Männchen flohen. Sie versuchte über das 15 Zentimeter breite Geländer zu schleichen, um sich ihren Fluchtweg zu sichern, aber der große Bär schaute auf und irgendetwas in seinem Blick ließ sie wieder zum Rückzug ansetzen.

In der Zwischenzeit stand er seitlich, und ich konnte seine Größe und Breite anhand von Markierungen an der Banklehne und dem Geländer hinter ihm abschätzen. Als ich später hinausging, um mithilfe der Zeichen, die ich mir gesetzt hatte, Maß zu nehmen, stellte ich fest, dass seine Rückenhöhe 100 Zentimeter maß, also 25,5 Zentimeter höher war als ein normaler Tisch, und seine Körperlänge ohne den Kopf und den Schwanz knapp 1,50 Meter betrug. Ein Bärenforscher kann aus diesen Daten sicher ein Gewicht extrapolieren, doch wir schätzten ihn auf etwa

270 Kilogramm. Auch wenn das vielleicht nach einer ganzen Menge klingt, so ist es doch weit weniger als das Gewicht des schwersten Schwarzbären aller Zeiten, ein Exemplar aus Minnesota, der 368 Kilogramm wog.

Schließlich trieb die aussichtslose Situation von Little Girl Patti zur Verzweiflung und sie beschloss, sich der Sache anzunehmen. Sie riss die Tür auf und stieß mit einem Besen in Richtung des großen Besuchers. Wenn auch der Bär dadurch nicht in die Flucht geschlagen wurde, seine Aufmerksamkeit war abgelenkt und Little Girl konnte auf leisen Sohlen die Flucht über das Geländer antreten. Glücklicherweise war es kein allzu ungemütlicher Bursche. Er versuchte nicht, den Besen zu fressen oder die Glasschiebetür zu zertrümmern. Als Little Girl vorbeigehuscht war, zog Patti sich mit dem Besen zurück und wir schlossen die Tür, zogen die Jalousien herunter, löschten das Licht und verabschiedeten uns bis zur nächsten Saison von den Bären.

Bis zu jenem Herbst hatten wir genug über Bären gelernt, um zu wissen, dass Little Bit im nächsten Sommer nicht allein zurückkehren würde. Wir riefen einen landesweit bekannten Bärenexperten an, um zu erfahren, mit wie vielen Jungen wir im nächsten Frühjahr rechnen könnten, und er sagte, dass viel vom Gewicht des Weibchens zu Beginn oder während des Winterschlafs abhängt. Er gab Gewichtsgrößenordnungen an, erklärte aber, dass diese Daten uns nicht sehr viel weiterhelfen würden, da ich keine Möglichkeit gehabt hatte, Little Bit zu wiegen. Die Daten notierte ich trotzdem.

Ich stellte ihm auch die Frage, die uns den ganzen Sommer über beunruhigt hatte: Wie würde Little Bit sich uns gegenüber verhalten, wenn sie ein Junges oder mehrere Jungen zu beschützen hatte? Würde sie immer noch dieselbe alte Bärin sein? »Ja, sicher«, war die Antwort unseres Fachmannes. »So, wie sie sich vorher ohne Junges verhalten hat, so wird sie sich auch mit ihren Jungen verhalten. Sie wird immer noch die Alte sein. Hatte sie vorher Vertrauen, so wird sie auch weiterhin Vertrauen haben.« Mit diesem Bescheid begann unser langes Warten auf den Frühling.

Das Leben im Schutzgebiet

Als wir in Minnesota ankamen, machten alle Backenhörnchen einen großen Bogen um uns, doch im Laufe der Jahre schloss Patti mit einem besonders sympathischen roten Eichhörnchen Freundschaft, das zu ihr gelaufen kam, wenn sie es rief. Sie gab dem Eichhörnchen den Namen Bertha (wir nannten es häufig »Bertha Squirrel«), und es stand außer Frage, dass dieses ganz besondere Tier auf unserer rückwärtigen Veranda die Königin war.

Punkt eins: Sie war aggressiv. Sie verscheuchte alle Eichhörnchen und alle Backenhörnchen von der Veranda, bevor sie sich selbst voller Genuss niederließ. Manchmal kam ihr Angriff so plötzlich, dass ihre Opfer sich lieber Hals über Kopf in die Luft stürzten, als ihrem Angriff standzuhalten. Erstaunlicherweise überlebten sie diesen Fall aus drei Metern Höhe stets unversehrt.

Punkt zwei: Sie war hartnäckig. Wenn nötig drangsalierte sie ein anderes Eichhörnchen eine ganze Stunde lang, damit es ihr Platz machte. Patti beobachtete manchmal regelrechte Verfolgungsjagden von Baum zu Baum und von Ast zu Ast, die einen Trapezkünstler vor Neid erblassen ließen.

Doch mit uns zeigte sich Bertha Squirrel freundlich und spielerisch. Im Winter rannte sie im Schnee hin und her, huschte die Treppen hinauf und sprang für eine Runde auf die Schneeschippe, wenn Patti die Veranda freischaufelte.

Im Sommer, wenn die rotschwänzigen Falken oben über unseren Köpfen kreisten, kletterte Bertha hinauf aufs Dach und schimpfte wild gen Himmel, in der Überzeugung, selbst unbesiegbar zu sein und die Falken verjagen zu können. Patti stand dann hilflos unten und rief sie zu sich herunter.

Einmal brachten wir besonders viel versprechend aussehende Stücke Treibholz von einem abgelegenen Lachssee mit. Patti saß mit einem Taschenmesser hinten auf der Veranda, kratzte den Dreck ab und zog die natürliche Maserung des Holzes nach. Es dauerte ungefähr drei Stunden, fast den ganzen Nachmittag. Während Patti arbeitete, konnte ich sie mit Bertha Squirrel reden hören. Es war jedoch keine einseitige Konversation. Bertha Squirrel antwortete mit höflichem Geschnatter. Sie hatte sich früh am Nachmittag zu Patti gesellt und blieb während der ganzen Zeit, die Patti schnitzte, an ihrer Seite und auf ihrem Schoß. Am Ende wickelte sich das kleine Eichhörnchen in seinen buschigen Schwanz ein und schaute einfach nur zu, dabei unterbrach es seinen Aufenthalt nur einige Male, um unliebsame Eindringlinge der Eich- und Backenhörnchenfamilie zu vertreiben.

Bertha war seit drei Jahren unsere Freundin und wenn wir sie riefen, konnten wir uns ziemlich sicher sein, dass sie zu uns kommen und bei uns sitzen würde. Sie saß am liebsten auf Pattis Schoß, und Patti stellte fest: »Das kleine Eichhörnchen erfreut mein Herz.«

Eines Sonntags Anfang Mai 1993 saß ich draußen auf dem vorderen Gehweg und genoss die Morgensonne, als Bertha Squirrel auf mich zugelaufen kam. »Was machst du hier vor dem Haus, Bertha?«, fragte ich.

Doch Bertha war beschäftigt. Sie lief direkt an mir vorbei in die Garage, wo sie auf die voll gestellte Werkbank sprang. Dann kehrte sie dorthin zurück, wo ich saß, kletterte an einer Ecke des

Hauses hinauf und verschwand in einem kleinen Loch. Ich war aufmerksam geworden und drehte mich daher um und beobachtete das Loch. Bald kletterte ein kleineres Eichhörnchen heraus und klammerte sich an der Wand fest. Es war eines von Bertha Squirrels Babys und als sie dicht hinter ihm erschien, konnte ich sehen, dass es ungefähr ein Viertel ihrer Größe hatte, eine perfekte Miniaturausgabe.

Sie nahm das Baby in ihre Schnauze und tastete sich vorsichtig die Wand hinunter, dann lief sie die Strecke über den Hof und in die Garage. Als sie verschwunden war, ging ich hinein und rief Patti, damit sie schnell hinauskäme. Ich sagte ihr, es handele sich um Bertha Squirrel und ihre Babys. Patti kam natürlich wie der Blitz angeschossen.

Wir schauten in die Garage und sahen, wie Bertha ihr erstes Baby in einem der Schneemobilhelme unterbrachte, der auf der Werkbank lag. Wir setzten uns daraufhin auf den Gehweg, während sie ihren Ausflug mit einem zweiten Baby, dann mit einem dritten, einem vierten und einem fünften wiederholte. Es war überwältigend zu sehen, wie dieses kleine rote Eichhörnchen seine Jungen die Wände hinunter, die Wände hinauf, über den Kies und durch das Gras transportierte.

Nachdem die fünf jungen Eichhörnchen schließlich sorgfältig in den zwei Helmen verstaut waren, und so im Nu ein Eichhörnchenlaufstall entstanden war, kam Bertha herüber und plumpste direkt neben Patti auf den Bauch. »Was für eine wunderschöne Schar Babys du großgezogen hast, Bertha«, sagte Patti und kraulte und streichelte die erschöpfte Mutter liebevoll. »Doch niemand hat jemals behauptet, dass Muttersein einfach ist.«

Danach lebten Bertha Squirrel und ihre Babys vornehmlich im obersten Geschoss der Garage, und Patti streute für sie regelmäßig Kerne auf den Dachboden. Soweit uns bekannt ist, haben sie nie etwas beschädigt. Sie ließen jedoch die Hülsen der Sonnenblumenkerne in einem Paar meiner alten Stiefel zurück, und so erlebte ich eine Überraschung, als ich sie eines Tages anziehen wollte.

Nach einem Winter gespannter Erwartung, die im Frühling durch die unaufhörlichen Fragen unserer Zeitungsabonnenten und Nachbarn noch verstärkt wurde, kamen die Bären schließlich einer nach dem anderen zurück. Erstaunlicherweise war Little Bit, die nun ihren fünften Sommer – unseren vierten – erlebte, unter den ersten, die zurückkehrten. Sie tauchte auf, als der Wald gerade sein neues Blätterkleid anlegte, das in seinen vielen Schattierungen und zarten Grüntönen leuchtete. Sie hatte ein langbeiniges männliches Junges bei sich. Wir waren begeistert.

Sie marschierte direkt zur Glasschiebetür herüber und drückte ihre schlammigen Tatzen an die Scheibe, um uns ihre Ankunft mitzuteilen. Patti öffnete aufgeregt die Tür. Das Junge warf ihr einen Blick zu und flüchtete dann von der Veranda zu einer alten Fichte. Little Bit war froh uns zu sehen, schien aber wenig Interesse an ihrem Jungen zu haben. Was das Junge angeht, so wollte es mit uns nichts zu tun haben. Wenn wir hinausgingen, flüchtete es in die Wälder.

So begann der seltsame Sommer 1993. Wenn Little Bit auf die Veranda kam, schien sie das Junge vollkommen zu ignorieren. Wenn sie die Veranda verließ, zeigte das Junge ihr gegenüber im Gegenzug wenig Aufmerksamkeit und schien völlig zufrieden seinen eigenen Weg zu gehen. Das Junge führte seine Mutter durch die Wälder, kletterte dann einen Baum hinauf und döste in den Tag hinein, wobei es seiner Mutter der Frage überließ, was mit ihm zu tun sei.

Einmal beobachteten wir, wie Little Bit, die mittlerweile eine gut 110 Kilogramm schwere Bärin war, am Fuße der alten Fichte neben der Veranda saß und wartete, dass ihr Junges herunterkam. Sie hatte dort den ganzen Morgen geduldig ausgeharrt und verlor das Kräftemessen der Willensstärke gegen ihr hartnäckiges Junges, das nur etwa ein Zehntel ihrer Größe hatte, aber ganz klar den Ton angab. Am Ende ungeduldig geworden, stand Little Bit auf, hielt sich am Stamm des Baumes fest und begann zu klettern. Sie arbeitete sich den Stamm hinauf und kämpfte sich durch das Labyrinth der Äste.

Als sie sich dem Jungen näherte, schaute es hinunter, begriff ihre Absicht und kletterte weiter aufwärts. Sie blieb ihm auf den Fersen, näherte sich dem Gipfel des Baumes und hob eine Tatze, um das Junge zu sich hinunterzuziehen. Der Kleine schob sich noch höher hinauf und erreichte schließlich den obersten Ast, der nicht mehr als ein geschmeidiger Zweig war. Sie sah, dass der Zweig sie nicht halten würde und zögerte, dann hielt sie inne. Nach kurzer Besinnung trat sie den Rückweg an. Am Fuße des Baumes ließ sie sich deutlich frustriert gegen den Stamm fallen.

Später schaute Patti aus der Schiebetür hinaus und schüttelte den Kopf. »Sie liegt immer noch dort. Sie schwitzt und ist am Keuchen. Ich werde hinausgehen und mich ein wenig zu ihr setzen.« Sie nahm eine Dose alkoholfreies Bier vom Kaminsims und ging dann über die Veranda hinaus zum Fuß des Baumes, wo Little Bit saß. »Little Bit, du armes Geschöpf, dir geht es gar nicht gut hier auf den Steinen direkt in der Sonne. Warum hört dieses dumme Junge nicht auf dich? Vielleicht solltest du einfach gehen und es hier lassen.«

Sie schaute dort hinauf, wo das Junge, das wir mittlerweile Miracle getauft hatten (wie in: Es ist ein Wunder, wenn er überlebt), über mehrere Zweige ausgestreckt im Schatten lag. Es

Bertha Squirrel und Miracle.

schien zu schlafen. Ich schaute hinaus zu meiner Frau, die dort mit der Bärin saß. Sie vertrugen sich so gut miteinander, wie es zwei Geschöpfen nur möglich war. Es herrschte totales Vertrauen und Verständnis zwischen ihnen.

Durch Little Bits sensibles Wesen hatte ihr Junges klar die Oberhand gewonnen. Wenn sie ein tiefes metallisches Grunzen hervorstieß (mit dem Bärenmütter ihre Jungen rufen), wurde sie von ihm ignoriert. Statt Miracle durch die Wälder zu führen, war sie es, die ihm folgte. Wenn männliche Bären drohend angriffen, zog sie sich zurück. Manchmal kletterte sie sogar direkt hinter ihrem Jungen einen Baum hinauf. Verglichen mit anderen Bärenmüttern, die wir getroffen und beobachtet hatten, war sie sanftmütig und unsicher. Trotz dieser Eigenschaften, oder gerade deshalb, war sie stets unsere ganz besondere Bärin.

Mehrere Wochen lang verlief das Mutter-Kind-Verhältnis in

denselben Bahnen. Little Bit war glücklich, aber Miracle nicht. Dann verschwanden sie für zwei Wochen. Gegen Ende dieser Zeitspanne sprach ich mit Ed Hedstrom, unserem Nachbarn einen knappen Kilometer südlich von uns, der mir erzählte, dass seine beiden Golden Retriever vor ungefähr einer Woche einen Bären auf einen Baum getrieben hätten, von dem er meinte, es sei Little Bit gewesen mit einem Jungen. Patti und ich waren besorgt und etwas verwirrt. Was hatte Little Bit vor? Warum kam sie nicht auf die Veranda zurück?

Schließlich kehrte sie zurück, doch kam ihr immer wieder ihr Junges abhanden. Patti begleitete sie mehrere Male auf der Suche nach Miracle in den Wald. Es hatte den Anschein, als könne Little Bit sich nicht mehr daran erinnern, auf welchen Baum sie ihn geschickt hatte. Sie steuerte auf eine Espe zu und schaute hinauf, dann ging sie zu einer Gruppe Birken und schnüffelte. Halt, nein, es musste die rote Kiefer gewesen sein. Und so ging es die ganze Zeit weiter. Sie war in demselben Maße verwirrt, wie ihr Junges unkooperativ. Welch ein Schlamassel. Als wir Tag für Tag die Szenerie beobachteten, entdeckten wir den Grund für ihre Verwirrung. Sie schickte ihr Junges auf einen Baum hinauf und kam auf einen Besuch zu uns. Das Junge kletterte wieder hinunter, lief umher und kletterte dann auf einen anderen Baum. Kein Wunder, dass sie es nicht finden konnte. Jeder Baum war ein mögliches Versteck. Es war wirklich ein Wunder, dass sie den kleinen Rabauken überhaupt jedes Mal wieder fand.

Natürlich führten Little Bits Schwierigkeiten uns zu der Überlegung, ob ihre unzureichenden elterlichen Fähigkeiten eine Folge unserer Beziehung zu ihr waren. Zu jener Zeit hatten wir darauf keine Antwort.

Little Bit und Bertha Squirrel teilen sich eine Reihe von Sonnenblumen-kernen.

In jenem Frühling starb auch unsere alte Labradorhündin Ramah. Wir beerdigten sie auf der sonnenbeschienenen Hügelseite neben dem Gartenhäuschen, wo der Schnee geschmolzen war, und kennzeichneten das Grab durch einige zu einem kleinen Hügel aufgehäufte Steine, die wir in der Nähe fanden.

Ein paar Tage später ging ich zum Grab hinauf, um es zu kon-trollieren. Seitlich davon erblickte ich aus den Augenwinkeln eine seltsame Gestalt, die sich bei genauerem Hinsehen als ein Kojote entpuppte, der sich an einer Wand des Häuschens schein-bar schlafend zusammengerollt hatte. Die Entfernung betrug nur drei Meter, sodass ich ein Anzeichen von Atmung oder Be-wegung auszumachen versuchte. Doch da war keines. Der Kojote war alt und hager. Aus irgendeinem Grund hatte er sich diesen besonderen Platz zum Sterben ausgesucht.

Patti und ich fragten uns danach immer wieder, ob der Kojote die Hündin in der Nähe riechen oder auf irgendeine Weise spüren konnte. Es war eine seltsame Übereinstimmung. Wir mutmaßten, dass es möglicherweise derselbe Kojote gewesen war, der sich seit mehreren Jahren immer mal wieder in der Nähe des Hauses aufgehalten hatte. Er hatte häufig den Schnee in der Nähe des Hauses markiert und auf diese Weise versucht, Ramahs Interesse zu wecken. Ein hoffnungsloser Fall von unerwiderter Liebe.

Knapp zwei Wochen später fuhren wir nach Baron in Wisconsin und holten zwei zwölf Wochen alte weibliche Deutsche Schäferhundwelpen vom Züchter. Wir tauften sie Sheba und Shadow und nannten beide zusammen die »Schäferhundschwestern«.

Um ihnen einen Platz im Freien zur Verfügung zu stellen, der von den Bären abgegrenzt war, bauten wir einen gut zwei Meter hohen Zaun aus Zedernholz um einen Teil des seitlichen Hofs. Nachdem der Zaun stand, machten wir uns keine Sorgen mehr, dass die Hunde Rotwild jagen oder mit den Bären aneinander geraten könnten. Ein Kollege, der in der Redaktion arbeitete, half beim Bau des Zaunes. Während der Arbeit ließ ich ihn kurz auf der Stehleiter zurück, um uns noch ein paar Nägel zu holen. Little Bit suchte sich genau diesen Augenblick aus, um in Richtung der Veranda hinaufzukommen. Der Anblick von jemandem auf einer Stehleiter genau auf ihrem eingetretenen Pfad entnervte sie völlig. Sie lief schnaufend und keuchend zur hinteren Tür, wo sie sich aufrichtete und verzweifelt an der Tür kratzte. Als Patti hinauskam, um zu schauen, was los war, drängte Little Bit sich dicht hinter sie. Es brauchte viel Liebe, um der Bärin zu versichern, dass alles in Ordnung war.

In der Zwischenzeit hatte unser Helfer, nachdem er den Bären gesichtet hatte, fluchtartig seinen Posten verlassen. Ich fand ihn in seinem Wagen. Als ich ihn fragte, warum er verschwunden sei, murmelte er irgendetwas von Zigaretten holen, da im Hinterhof sowieso gerade ein Bär herumlief.

Little Girl, die bemitleidenswert dünn war, als sie im späten September des vorigen Sommers bei uns ankam, tauchte in diesem Jahr mit drei entzückenden kleinen Jungen im Schlepptau auf, die jedes etwa 2,3 Kilogramm wogen. Wir erkannten sie an ihrer Größe und an ihren unverkennbaren Augen. Die Jungen hatten in etwa die Größe von Spielzeugpudeln, und wir waren uns einig, dass es die süßesten kleinen Flauschbällchen waren, die wir jemals gesehen hatten.

Fast umgehend geriet Little Girl mit einem fremden männlichen Bären aneinander, der auf der Durchreise war. Obwohl sie kleiner als das Männchen war, jagte sie ihn weit auf eine große Birke hinauf und ließ ihn dort eine halbe Stunde lang schmoren. Wir waren erstaunt, dass die kleine scheue Bärin, die wir gekannt hatten, sich plötzlich derart grimmig gebärden konnte. Dann dachten wir etwas genauer darüber nach. Konnte es sich hier möglicherweise um die Bärenmutter handeln, die wir Crazy Bear, den verrückten Bären, genannt hatten?

Die Größe kam hin, die Statur war die Gleiche und die Anzahl der Jungen stimmte exakt überein. Wir hatten gehört, dass Mütter beim ersten Wurf in der Regel keine Drillinge zur Welt bringen, was bedeutete, dass die Jungen wahrscheinlich nicht ihre ersten waren.

All diese Anzeichen deuteten auf die Wahrscheinlichkeit hin, dass Little Girl und Crazy Bear ein und dieselbe Bärin waren. Nachdem wir sie in Aktion erlebt und beobachtet hatten, waren wir davon überzeugt. Und so gaben wir ihr angesichts ihrer neuen Identität auch einen neuen Namen. Von nun an sollte sie

Big Mama heißen, was natürlich nicht ihre körperliche Größe bezeichnete, sondern der Größe ihres Herzens galt.

Im Gegensatz zu Little Bit und ihren Schwierigkeiten hatte Big Mama die Kontrolle eines Ausbildungsunteroffiziers über ihre lieben Kleinen. Exakt bei Einbruch der Dunkelheit führte sie ihre drei Jungen für ungefähr fünf Minuten auf die Veranda, dann brachte sie sie zu einem Baum in der Nähe und schickte sie hinauf, indem sie sich am Fuße des Stammes auf die Hinterbeine stellte und mit ihren vorderen Tatzen auf den Stamm klopfte. Danach kehrte sie selbst allein zu einem entspannten Imbiss zurück.

Bei dieser Gelegenheit erinnerten wir uns an unsere Diskussion vom vergangenen Herbst, als wir uns fragten, mit wie vielen Jungen wir wohl rechnen könnten. Little Bit, nun ein großes Weibchen, war mit nur einem Jungen zurückgekehrt, während Big Mama, die nur höchstens halb so schwer gewesen war wie Little Bit, drei Junge mit sich führte. Über die Jahre hinweg entsprach das Verhältnis zwischen der Größe unserer drei Bärinnen zu ihren zusammen genommen insgesamt fünf Würfen keiner irgendwie erkennbaren Regel, die wir aufzustellen versuchten. Offensichtlich ist das Gesamtkörpergewicht einer Bärenmutter, wenn sie den Winterschlaf antritt, nicht der geeignetste Indikator für die Anzahl der Jungen im folgenden Frühjahr.

Mit ihren Jungen im Schlepptau war Big Mama für gewöhnlich eine nächtliche Besucherin. Bei Tageslicht kam sie nur selten vorbei. Sie spazierte auf die Veranda hinauf, machte auf sich aufmerksam, und wenn wir dann die Glasschiebetür öffneten, setzte sie sich so hin, dass sie die Treppenstufen zur Veranda blockierte. So konnten keine anderen Bären auf die Veranda kommen, es sei denn, sie rannten Big Mama über den Haufen.

Die »Babys«, wie ich sie nannte, waren bezaubernd. Wenn man

Big Mama und ihr Trio.

nicht zu genau hinschaute, hätte man schwören können, es seien kleine Stofftiere gewesen. Sie tauchten regelrecht in meine Arme ein und leckten mit ihren weichen Zungen an meiner Hand, wenn ich nach ihnen fasste. Man konnte sie unmöglich nicht mögen, ganz im Gegensatz zu Miracle, der immer noch nicht auf der Veranda blieb, wenn wir uns ebenfalls dort befanden.

Wir hatten Big Mama mehr als einmal in Aktion treten sehen, wenn sie grimmig ihre Jungen verteidigte, und trotzdem zeigte sie uns gegenüber in Gegenwart ihrer Jungen vollstes Vertrauen. Wenn möglich fügte sie sich auch Little Bit, und soweit uns bekannt ist, kam es zwischen ihnen niemals zum Kampf. Wir fragten uns häufig, ob Big Mama möglicherweise die Mutter von Little Bit sei, und ob Little Bit vielleicht zu der Zeit auf unserem Grundstück aufgewachsen war, als wir dorthin gezogen waren. Doch natürlich gab es auf diese Fragen keine Antworten.

In jenem Jahr hatten wir am 4. Juli, dem Unabhängigkeitstag, eine normale Mischung an Besuchern, darunter ein neues Zweijähriges, dass wir Clancy nannten, und unsere Stammgäste Scar und Sarge sowie einen der seltenen Besuche bei Tageslicht von Big Mama und ihrer Gang.

Um 20.45 Uhr fiel plötzlich der Strom aus. Es war immer noch hell, doch wir holten schon einmal Kerzen, Kerosin- und Taschenlampen heraus, um auf das Schlimmste vorbereitet zu sein. Zu jenem Zeitpunkt wussten wir nicht, ob der Stromausfall generell oder lokal begrenzt war. Obwohl wir etwas isoliert wohnten und an ein Netz angeschlossen waren, das kilometerweit durch die Wildnis verlief, hatten wir nur selten Stromausfall.

Ich rief die *Arrowhead Electric Cooperative* an und erreichte sie über ihre Notfallnummer. Sie meinten, es seien keine weiteren Meldungen eingegangen, also müssten wir die Einzigen sein, die betroffen waren. Sie versicherten, es würde jemand vorbeikommen, um nachzuschauen. Es war ein schöner, ruhiger Abend, und wir setzten uns bis 22 Uhr, bis die Nacht fast hereinbrach, auf die Veranda und konnten die Raketen und Böller des Feuerwerks hören, das knapp zehn Kilometer entfernt in Grand Marais veranstaltet wurde.

Es war vollkommen dunkel. Wir hatten die Kerosinlampen angezündet, als die Mannschaft des Elektrizitätswerks um 23.30 Uhr ankam. Sie kontrollierten alles und sagten dann, es sei eine Sicherung am Knotenpunkt knapp einen halben Kilometer nördlich durchgebrannt. »Wahrscheinlich ein Eichhörnchen oder ein Vogel«, meinte einer der Elektriker.

Ich dachte kurz nach und fragte dann: »Könnte es auch ein Bärenjunges sein?«

»Ja, wir hatten diesen Sommer schon mal eins«, erwiderte er. »Wir geben Bescheid.« Sie fuhren den Pfad hinauf in Richtung der Hauptstromleitung. Um Mitternacht kehrten sie mit schlechten Nachrichten zurück. »Stimmt, es war ein Junges. Wir fanden es tot am Fuße des Masten.« Sie sagten, sie hätten gefürchtet, dass die Bärenmutter sich noch in der Nähe aufhielte und sich demnach schnell wieder auf den Weg gemacht.

Sie knipsten die Lichter wieder an und gingen. Ich überbrachte Patti die traurige Nachricht. Es kam dem Verlust eines Familienmitglieds gleich. Soweit wir wussten, gab es in unserer unmittelbaren Umgebung keine weiteren Jungen, außer Miracle und Big Mamas Trio.

Wir gingen schlafen und fragten uns, wer wohl das Opfer sei, und am Morgen wurde die Identität des toten Jungen dann aufgeklärt. Little Bit kam mit Miracle, und später erschien Big Mama mit zwei Jungen. Also war es eines der ihren gewesen. Vielleicht war es nur meine Phantasie, aber sie schien zum ersten Mal die Sicherheit unserer Veranda zu brauchen.

Wie andere Mütter hatte sie den Jungen beigebracht, von einem Baum zum anderen zu laufen und immer bereit zu sein, bei dem kleinsten Anzeichen von Gefahr hinaufzuklettern. Dort wo sie standen, waren die Masten die einzige Möglichkeit hinaufzuklettern, doch das hatte tödliche Folgen.

Wir hatten den Jungen von Big Mama nie einen Namen gegeben und holten das sofort bei den zwei übrig gebliebenen nach. Das überlebende junge Männchen wurde Napoleon getauft und das Weibchen Honey. Napoleon hatte seinen Spitznamen verdient, weil man ihn schon aus 400 Metern Entfernung hören konnte. Er schrie und brüllte beim geringsten Anlass und versuchte auf diese Weise, der Boss zu sein. Dennoch gehorchte er stets auch seiner Mutter.

Am nächsten Morgen hängten wir selbst gebastelte Windspiele an mehreren Strommasten auf, damit die Jungen dadurch verschreckt wurden. Wir wissen nicht, ob sie ihren Zweck erfüllten, aber in jenem Sommer kam kein weiteres Junges um.

Scar kam ein- oder zweimal Mitte Mai, dann blieb er einen Monat lang weg, bevor er zurückkehrte. War er auf der Suche nach einer Freundin? Erkundete er das Land? Manchmal ist es unmöglich zu wissen, warum Bären das tun, was sie tun.

Scar tauchte Ende Juni auf und geriet sofort mit einem aggressiven Neuankömmling aneinander, der die Auffahrt herunterkam. Die beiden erwachsenen Männchen reckten ihre Nacken, um sich ein imposanteres Aussehen zu geben. Dann erhoben sich beide auf ihre Hinterbeine, kämpften, schnauften und versuchten, sich gegenseitig zu beißen. Nach ungefähr fünf Minuten endete der Kampf und die Bären gingen getrennte Wege in den Wald hinein.

Wir hatten nie zuvor einen ernsten Kampf zwischen Bären ge-

Napoleon und Honey, die zwei überlebenden Jungen von Big Mama.

sehen und wussten nicht, ob diese Begegnung ein Kampf oder nur extrem aggressives Spiel gewesen war. Sie schienen keine Verletzungen davongetragen zu haben, aber Scar kam kurze Zeit später zurück, wohingegen der andere Bär niemals wieder auftauchte. In unseren Augen war Scar von jenem Tag an Sir Galahad, hatte er doch so mutig die Verteidigung seines heimischen Territoriums auf sich genommen.

Unter den Männchen war Scar das sanftmütigste und das freundlichste. Er verteidigte sich gegen die anderen Männchen, wenn sich ein Kampf anbahnte, aber er schien auch die beiden Bärenmütter und ihren Platzbedarf besser zu verstehen als die anderen Männchen. Scar war mittlerweile ausgewachsen und ein ganz schöner Brocken. Patti kam gut mit ihm zurecht, wenn sie mit ihm auf der Veranda saß. Er kam direkt zu ihr herüber.

Mich störte trotzdem irgendetwas an ihm. Er näherte sich mir stets vorsichtig, wissend, dass ich ebenfalls männlichen Ge-

Scar sah groß und kräftig aus, war aber sehr gutmütig.

schlechts war. Er schlich sich heimlich an mich heran und das beunruhigte mich. Patti dachte, es sei einfach nur seine Vorsicht, doch ich war mir nie sicher. Vielleicht hatte ich ihn mal mit der Steinschleuder getroffen und er erinnerte sich daran. Auf jeden Fall hielt ich ihn mir gewöhnlich auf Armeslänge entfernt.

Scar strafte die Vorstellung Lügen, dass Bären Einzelgänger sind. Ihm lag immer daran, mit den anderen Bären gesellig beisammen zu sein, so wie es im Sommer vor zwei Jahren auch Skinny getan hatte. Wir saßen mit Little Bit draußen und Scar kam angelaufen. Seine Vorfreude auf die Gesellschaft war ihm regelrecht anzusehen.

»Oh, Scar«, sagte ich, »lass uns doch mal in Ruhe. Jetzt ist Little Bit an der Reihe.« Er drehte sich um und spazierte in den Wald, nur um nach fünf oder zehn Minuten zurückzukehren, so als wollte er fragen: »Bin ich jetzt dran?«

Ich erinnere mich, ein Buch gelesen zu haben, in dem behauptet wurde, dass – angenommen ein Bär und ein Jäger befänden sich in einem ein Quadratkilometer großen Waldgebiet – der Bär den Jäger jeden Tag sehen, der Jäger den Bären dagegen wahrscheinlich nie zu Gesicht bekommen würde. Bären machen bei ihren alltäglichen Aktivitäten keinen Lärm. Sie können sich tatsächlich wie Geister bewegen. Wenn sie wollen, wandern sie fast lautlos durch den Wald, vor allem in Gebieten, wo sie sich Pfade oder »Tunnel« durch das Unterholz geschlagen haben. Unsere Bären hatten sich zwischen der Veranda und dem Bach solche Tunnel durch das Gebüsch angelegt. Wenn ein Bär einmal in dieses Tunnellabyrinth verschwunden war, konnten wir noch so sehr schauen und die Ohren spitzen, hörten oder sahen jedoch nichts. Der Bär verschwand einfach von der Bildfläche und tauchte am anderen Ende, 30 Meter weiter, wieder auf.

Ich hatte schon immer ein hervorragendes Gehör – höchstwahrscheinlich als Ausgleich für meine bescheidene Sehstärke. Doch wenn Patti und ich im Spätsommer auf der Veranda saßen, der Bach ruhig dahinfloss und Bären wie Scar oder Little Bit aus dem Wald kamen, über die Terrasse zur Treppe gingen und nur knapp zwei Meter entfernt auf der Veranda auftauchten, so hörten wir nichts. Null. Keinen einzigen Laut. Es erstaunte uns immer wieder.

Bären sind große, kraftvolle Kreaturen, die manchmal das Ausmaß ihrer Kraft gar nicht kennen. Als Folge davon können sie häufig eingeschüchtert und durch die unmöglichsten Dinge in die Flucht geschlagen werden.

In jenem Sommer fühlte sich eine ganze Herde von Backenhörnchen zu unserer Veranda hingezogen; sie kamen liebend gern zu uns herauf und aßen Sonnenblumenkerne. Backenhörnchen vertragen sich untereinander nicht sonderlich gut, und nach einem Jahr enger Nachbarschaft weisen sie schreckliche Narben oder andere Blessuren auf. Unserem Liebling, Chester, fehlte die Hälfte seines Schwanzes. Zwei anderen fehlte jeweils der Schwanz oder ein Ohr. Sie kämpften einfach gern.

Eines Tages kam ein fremder Bär vorbei, um einige Kerne zu stibitzen, als die Backenhörnchen im Futterkasten von anderen Backenhörnchen angegriffen wurden, die ebenfalls an die Kerne heranwollten. Die Hörnchen beachteten den Bären nicht. Der Bär war sowieso etwas unsicher, und als er über die Veranda tappte, brach eine größere Backenhörnchenschlacht aus. Plötzlich wuselten überall Hörnchen herum – zwischen seinen Beinen, hinter ihm und vor ihm. In Panik stellte er sich auf. Gerade war er noch lässig auf eine köstliche Mahlzeit zugetrottet und im nächsten Augenblick floh er mit eingezogenem Schwanz – ein ahnungsloser Verlierer in der Backenhörnchenschlacht.

Ein anderer fremder Bär, der erste und einzige zimtfarbene Bär, der zu uns kam, wurde das Opfer der Enten am Kornhaufen. Mehrmals pro Jahr, im Frühling und im Herbst, nachdem sie ihren Nachwuchs aufgezogen hatten, kamen Stockenten zu einem kleinen Imbiss am Mittag angeflogen. An einem Morgen, als der Zimtbär neben dem Kornhaufen lag und fraß, flog eine Schar von etwa zwei Dutzend Stockenten ein. Wenn Sie jemals eine Stockentencrashlandung auf trockenem Boden gesehen haben, dann wissen Sie, was für ein lautes und chaotisches Ereignis das sein kann. Der Bär war kurz verwirrt und zog sich etwa einen Meter weit zurück, bevor er seinen rechtmäßigen Platz neben dem Kornhaufen wieder einnahm. Nachdem er sich wieder gefasst hatte, mampfte Mister Bär entschlossen im Stehen weiter und hatte ein wachsames Auge auf die Enten in sechs Metern Entfernung.

Hungrige Enten können eine Menge Lärm machen. Unter lautem Geschnatter rückten sie an und formierten einen Halbkreis um den fressenden Bären. Er zog sich erneut zurück. Doch dieses Mal, als er zurückschritt, kamen die Enten noch näher, was unseren Bären zusätzlich zermürbte. Ein Hirsch wäre einfach auf die Enten zugeschritten und hätte sie verscheucht. In Unkenntnis dieser Taktik stand der Bär für einige Minuten da und betrachtete diese anscheinend furchtlosen Enten, dann suchte er das Weite.

Einer nach dem anderen erschienen vier fast ausgewachsene männliche Bären auf der rückwärtigen Veranda, die sich bis Juli als Gruppe etabliert hatten. Sie lagen im Kreis um die große Holzkiste mit den Sonnenblumenkernen herum, summten einen hohen einzelnen Ton und schnaubten und pusteten sich gegenseitig an beim Versuch, die meisten Kerne zu ergattern. Bären können tatsächlich ihre Nase etwas lang machen, was sie bei dieser Art der Konfrontation stärker hervortreten lässt. Als Folge dieses Verhaltens bezeichneten wir das Nimmersattquartett als »die Langnasen«.

Big Mama mit ihrem mütterlichen Elan verscheuchte das Vierergespann im Handumdrehen, doch Little Bit hatte größere Schwierigkeiten. Manchmal schlug sie gerade einen von ihnen in die Flucht, nur um bei ihrer Rückkehr auf die Veranda bereits den nächsten Bären vorzufinden. Dann befand sich ihr Junges auf einem Baum und sie konnte nicht zu ihm zurück oder nicht zurück auf die Veranda.

In solch einem Moment nahm ich den verlässlichen Bärenstock zur Hand, lud meine Steinschleuder und eilte zu ihrer Unterstützung hinaus. Obwohl Little Bit jeden Sommer größer wurde, versteckte sie sich häufig schützend hinter meinem Rücken. Irgendwie war sie der Ansicht, dass ich unbesiegbar sei, und so versuchte ich, dieser Rolle gerecht zu werden. Ich wetterte gegen die »Langnasen«, ließ den Stock auf die Veranda herunterkrachen und schoss am Ende die Steinschleuder ab. Dann stand ich draußen Wache, während mich die Moskitos zerstachen. Wenn ich mich nach wenigen Minuten umsah, saß Little Bit unbekümmert da, fraß Sonnenblumenkerne und erwartete weiterhin meinen Schutz. In der Zwischenzeit schlief ihr Miracle glücklich oben auf einem Baum, anscheinend der einzige Ort, an dem er sich völlig sicher fühlte.

Ein oder zweimal jeden Sommer sahen wir einen Angler, der sich seinen Weg den Elbow Creek hinauf- oder hinabbahnte. Er warf eine Fliege oder einen Wurm in die tieferen Stellen, wo die kleinen Bachforellen im kühlen Schatten der großen Granitfelsen standen.

Einen Tag nachdem Little Bit und Miracle aufgebrochen waren, sah Patti einen Angler, der flussaufwärts watete. Sie ging auf die Veranda hinaus und winkte. Er war mit seiner Angel beschäftigt, also rief sie zu ihm hinüber: »Hallo, dort drüben!«

Er schaute auf und sah, wie diese Frau ihm zuwinkte, also winkte er freundlich zurück. »Geben Sie bitte auf die Bären Acht«, schrie sie hinüber. »Tun Sie ihnen nichts, besonders nicht der Mutter mit ihrem Jungen.«

Er konnte sie nicht verstehen und legte seine Hand trichterartig ans Ohr. Sie erklärte etwas lauter: »Gleich flussaufwärts ist eine Bärenmutter mit ihrem Jungen.« Zum besseren Verständnis deutete sie in die Richtung, wo er angelte und darüber hinaus. Dieses Mal verstand er sie und interpretierte die Nachricht so, wie die meisten Menschen sie verstanden hätten: Er watete so schnell er konnte wieder den Fluss hinunter.

Mit dem Hochsommer kam die Wärme und die sanft hügeligen Wiesen wurden von einem farbenfrohen Blumenteppich aus gelben Butterblumen, weißen Margeriten und orangefarbenem Habichtskraut überzogen. In den meisten Jahren war das für die Bären reichlich Nahrung. Gegen Anfang August waren sie heißhungrig und wanderten jeweils für eine Woche oder länger zu den Blaubeergebieten.

Da der Zeitplan der Bären unregelmäßig und unvorhersehbar war, wussten wir nie, welchen oder ob wir überhaupt einen sahen. Wenn wir Gäste zum Essen einluden, hofften wir, dass sie einen Bären zu Gesicht bekamen, doch wir konnten es vorher nie mit Sicherheit wissen. In der Regel trat jedoch Little Bit oder einer ihrer Freunde auf den Plan, um die Mahlzeit zu unterbrechen. Das kam immer wieder vor.

Dave Lincoln, ein alter Freund, brachte seine Verlobte, Jean, mit auf einen Ausflug ans Nordufer. Als sie zum Essen vorbeikamen, war Toby sofort für eine »Fotosession« zur Stelle. Dann, als wir uns gerade zu Tisch gesetzt hatten, traf Little Bit ein, so als hätte sie einen Termin. Das Abendessen wurde unterbrochen, und alle bestaunten sie eine halbe Stunde lang. Als wir uns wieder setzten, war das Essen kalt. Am Ende des Abends lobte Dave das Essen und fügte hinzu: »Aber das Showprogramm war natürlich einsame Spitze.«

In jenem Sommer veranstalteten wir an einem Samstag einen Flohmarkt. Viele der Besucher, die an jenem Morgen kamen, waren in erster Linie an Neuigkeiten über Little Bit und erst in zweiter Linie an unserem kleinen Heimflohmarkt interessiert. »Wo ist sie?«, wurden wir gefragt. »Können wir sie sehen?« In Gegenwart von Fremden war sie die meiste Zeit sehr scheu, besonders wenn Autos vor- und wegfuhren und Türen zugeschlagen wurden. Um sie inmitten dieses ganzen Chaos hervorzulocken, hätte es schon übernatürlicher Kräfte bedurft.

Im August, als die Luft so warm und schwül war, dass sogar das Atmen mühsam wurde, machte schließlich irgendetwas »Klick« in Miracles Kopf und das störrische Junge begann, eine einschneidende Veränderung in seinem Verhalten zu zeigen. Der Grund dafür oder der zeitliche Zusammenhang blieb uns ein Rätsel. Den einen Tag saß er noch wie gewöhnlich oben auf einem entfernt gelegenen Baum, wo er Wurzeln zu schlagen schien, und am nächsten Tag war er aus heiterem Himmel ununterbrochen an der Seite seiner Mutter zu sehen, fraß Sonnenblumenkerne und erlaubte es uns währenddessen sogar, auf der Veranda zu sitzen. Diese Veränderung fand statt, nachdem sie von mehreren ausgedehnten Besuchen in den Blaubeergebieten zurückgekehrt waren. Mir gegenüber blieb Miracle ein wenig scheu und versteckte sich hinter Little Bit, wenn ich näher kam. Patti konnte neben ihm sitzen, wenn seine Mutter in der Nähe war. Doch sobald Little Bit die Veranda verließ, um einen kleineren Bären zu verscheuchen, machte er sich auf und lief zu den großen Bäumen tief im Wald.

Miracle hatte eine unheimliche Begabung, seine Mutter zu frustrieren. Sobald er etwas geselliger geworden war, entdeckte er neue Möglichkeiten, ihr das Leben schwer zu machen. Little Bit fraß gerne Kerne aus einem kleinen Kasten, den wir auf die Bank stellten. Wenn er voll war, fasste er ein bis anderthalb Kilogramm Sonnenblumenkerne. Sie saß mit gespreizten Beinen auf dem Boden und hielt mit einem Arm den Kasten, während sie vor sich hin kaute und in die Gegend schaute.

Die eine Seite des kleinen Kastens hatte ein Loch, durch das ein altes ausgefranstes Seil gezogen war – der perfekte Griff für ein bösartiges Junges. Eines Tages beschloss Miracle, seiner Mutter den Kasten wegzuzerren, und zog ihn gut einen halben Meter über die Bank, so als wollte er sagen: »Ha, ha, ich hab ihn nun.« Sie beugte sich vor und zog ihn sanft zurück, so als antwortete sie: »Kein Problem. Alles in Ordnung. Ich nehme den Kasten jetzt einfach wieder an mich.«

Miracle war hartnäckig. Er nahm das Seil zwischen seine Zähne und zog den Kasten noch weiter von seiner Mutter weg. Das Glitzern in seinen Augen war unmissverständlich. Eine kleine Nervensäge in Bärenform. Sie schaute ihn einen Augenblick lang an, erhob sich dann schwerfällig und ging hinüber zu dem Kasten, wo sie sich niederließ und die Situation erneut unter Kontrolle hatte. Wir hatten das Schauspiel beobachtet und Patti sagte: »Sie ist die geduldigste Bärenmutter der Welt. Miracle ist zweifelsohne das frustrierendste Junge, das ich jemals gesehen habe.« Für kurze

Zeit war alles ruhig, dann steuerte Miracle erneut das Seil an. »Er ist ein entschlossener kleiner Teufel«, war mein Kommentar.

Doch als er dieses Mal das Seil ergriff, war Little Bit auf der Hut. Sie hielt den Kasten mit ihrer linken Tatze fest und mit der rechten verabreichte sie ihrem Jungen einen Klaps, der es zu Boden purzeln ließ. Er zog sich mit einem Wimmern zurück. »Waow!«, meinte Patti enthusiastisch. »Jetzt hat sie es ihm aber doch noch gezeigt.«

Little Bit mampfte wieder zufrieden vor sich hin, und Miracle hielt sich für die nächste halbe Stunde in sicherer Entfernung von ihr, bis sie aufstand und auf die Treppe zuging. Dieses Mal folgte Miracle artig. Nach mehr als einem Jahr begann Little Bit schließlich das Muttersein in den Griff zu bekommen.

Genau in jener Nacht demonstrierte Little Bit, wie mütterlich sie auch sein konnte. Wir hörten das Geräusch schwerer Bärentatzen, die über die Veranda donnerten, und gleich darauf ein Brummen und Grunzen. Wir griffen rasch zu den Taschenlampen und knipsten das rückwärtige Licht an. Ein großes Männchen war auf der Veranda, ein Fremdling, den wir vertrieben.

Als Patti mit ihrer Taschenlampe weiter unten umherleuchtete, um zu schauen, ob dort irgendein Bär war oder was überhaupt vor sich ging, entdeckte sie Little Bit. Sie lehnte mit dem Rücken an der alten Weißfichte, hielt ihr verängstigtes Junges auf dem Schoß und umfing es schützend mit beiden Tatzen. Es war eine Geste, die man von einer menschlichen Mutter erwartet hätte, zärtlich und doch verteidigend. Viele Menschen wissen nicht, dass Bären so sensibel sein können.

Die Lieblingsmahlzeit von Little Bit waren ungesalzene Nüsse mit Schale, die wir im Laden kauften. Es war ein glücklicher Zufall, dass wir auch jedes Jahr von Pattis Vater Alex Mandeln bekamen. Zu Anfang hatte er sie als Leckerei für Patti und mich geschickt, doch sobald er erfuhr, dass Little Bit sie ebenfalls liebend gern aß, schaltete er um. In Palo Alto in Kalifornien, wo er lebte, fand er gleich neben einem Wäldchen einen Bauernmarkt, wo Nüsse offen in großen Mengen und zu vernünftigen Preisen angeboten wurden. Fortan schickte er mehrere große Kisten davon an »Little Bit« Becklund, worüber sich die ganze Mannschaft auf dem Postamt großartig amüsieren konnte. Little Bit liebte diese kalifornischen Mandeln über alles und besonders dann, wenn sie sie direkt aus unserer Hand fressen konnte.

Um zu sehen, welchen Weg die Bären nahmen, und um allgemein mehr über die Bären zu erfahren, drehten wir jeden Sommer drei oder vier Runden um unseren Besitz. Wir liefen die Pfade ab und bahnten uns einen Weg durch die dichten Erlensümpfe und Haselnusssträucher, immer auf der Suche nach Anzeichen für einen tunnelartigen Durchgang. Auf diese Weise lernten wir die bevorzugten Anschleichwege der Bären, die Lage ihrer Ruhestätten und verschiedene Gebiete, die sie aufgesucht hatten, kennen.

Es hatte immer den Anschein, als käme Little Bit aus dem Nichts, sobald wir die Verandatür öffneten und hinaustraten. Wir fragten uns, wie sie unsere Handlungen vorausahnen konnte. Es stellte sich heraus, dass es nichts mit Raten und auch nichts mit Glück zu tun hatte. Wir fanden mehrere frische Tagesruhestätten im tiefen Gras in der Nähe der Stromleitung, nicht mehr als 50 Meter von der hinteren Tür entfernt. Sie lag dort nah genug, um einfach zu hören, wie wir den Kasten mit Kernen auffüllten und kam dann angerannt.

Schließlich fanden wir Erklärungen für viele Verhaltensweisen, die uns rätselhaft vorgekommen waren. Eine unserer ständigen Befürchtungen war es gewesen, dass Bärenmutter und Bärenjunges irgendwie getrennt werden könnten und nicht wieder zueinander finden würden. Wenn Napoleon zum Beispiel fünf Minuten, nachdem seine Mutter und seine Schwester die Veranda bereits verlassen hatten, immer noch weiterfraß, würde er sie vielleicht nie wieder einholen können. Wir hätten uns keine Sorgen zu machen brauchen. Sie hatten einen sehr feinen Geruchssinn. Nur Little Bit schaffte es, ihr Junges zu verlieren, was daran lag, dass er wie ein Kleinkind im Supermarkt losrannte, sobald sie ihm den Rücken kehrte. Er wanderte unter Umständen einen Block oder einen Kilometer weit, und mit ihren schlechten Augen konnte sie ihn nur durch ihren Geruchssinn ausfindig machen.

An einem Samstagmorgen Mitte September hörte Patti das vertraute Geräusch von Bärentatzen auf der Veranda und schaute hinaus. »Oh, oh«, sagte sie. »Da haben wir den Salat.«

»Warte, ich hole den Bärenstock und komme hinaus«, sagte ich. Es war nicht das erste Mal – und sollte auch nicht das letzte Mal sein – dass Little Bit und Miracle auf der hinteren Veranda auf Big Mama, Napoleon und Honey trafen. Manchmal konnte diese etwas verfahrene Situation einfach gelöst werden, ein anderes Mal aber auch nicht. An jenem Tag hatten wir drei Junge auf drei verschiedenen Bäumen, die aus den sich gelb färbenden Blättern der Espen und Birken hervorlugten. Little Bit befand sich auf der Veranda und Big Mama stand unten.

Wir mussten Big Mama einfach sieben oder acht Meter zur Seite bewegen, sodass Little Bit entkommen konnte. Nach gelungener Aktion entwickelten sich die Dinge dann von selbst. Big Mama kam herauf, um zu fressen, entfernte sich dann wieder und stieß ein metallisch klingendes Grunzen aus, mit dem sie ihre zwei Jungen von den Bäumen herunterbeorderte und ihnen

Big Mamas Napoleon.

Napoleon steckt seine Zunge heraus und verlangt mehr Honig.

befahl ihr zu folgen. Danach konnte Little Bit wieder auf die Veranda zurückkehren und Miracle tun und lassen, was er wollte. »Okay, Big Mama«, sagte ich und pochte zur Verstärkung ein paar Mal heftig mit dem einen Ende des Stockes auf die Veranda. »Zeit für den Rückzug. Geh nun wieder und mach etwas Platz für Little Bit.« Ich zeigte auf den Wald und Big Mama schien tatsächlich zu verstehen. In der Zwischenzeit lockte Patti Little Bit mit einer Hand voll Nüsse an, eine Bestechung, die ihre Wirkung nie verfehlte.

Dieser Aktionsplan war am Tag recht erfolgreich. In der Dunkelheit gestaltete sich die ganze Angelegenheit jedoch sehr viel komplizierter, wenn Unklarheit darüber bestand, welcher Bär sich wo befand. Wir hatten immer ein Dutzend Taschenlampen um das Haus herum verteilt, und Patti kontrollierte stets sorgfältig, dass für Fälle wie diesen auch frische Batterien nachgefüllt waren.

Schüsse im September

Um den 20. August 1993 herum verschwanden Napoleon und Honey unerwartet mit Big Mama. Wir nahmen an, dass sie dem Beerengebiet einen letzten Besuch abstatteten. Die Zeit verging, und die Bärenjagdsaison begann am 1. September, ein Tag, den wir stets fürchteten. Wo waren die Bären? Am Abend hörten wir Gewehrschüsse und waren noch besorgter als zuvor.

Der 2. September kam und ging. Little Bit und Miracle wussten wir wohlbehalten in der Nähe, doch Big Mama und ihre Jungen waren immer noch nicht in Sicht. Am 3. September hörten wir zur Abendessenszeit erneut Gewehrschüsse. Sicherlich waren die Bären in Schwierigkeiten geraten, so nahmen wir jedenfalls an. Doch um 21.30 Uhr kam das vermisst gemeldete Trio über den Bach und aus dem Wald heraus anmarschiert.

Wir hörten den Kies knirschen, als die Bären aus dem Bachbett herauskletterten, und Patti und ich eilten hinaus, neugierig, wer sich dort näherte. Als Big Mama und ihre Jungen aus der Dunkelheit auftauchten, brachen wir in Begeisterung aus. »Kommt her ihr kleinen Halunken«, rief ich und war über ihre Rückkehr aufrichtig gerührt.

Patti hätschelte die Jungen, als sie ihr auf den Arm kletterten, und ging dann hinein, um einen Eimer mit verdünnter Kondensmilch, dem Lieblingsgetränk der Bären, zuzubereiten. Sie schienen ebenso glücklich wie wir über unser Wiedersehen zu sein.

Die Bärenjagdsaison war während unserer Bärenjahre stets eine schreckliche Tortur. Die Jäger durften zwei Wochen vor der tatsächlichen Eröffnung der Saison Köder aufstellen. Diese Köder bestanden aus Fleisch, Fisch, Honig, Hundefutter, Sirup, Marmelade und vielerlei anderem, von dem die Jäger annahmen, es könne den Bären schmecken.

Die meisten Jäger saßen auf Hochsitzen und beobachteten ihre Köder: Wenn ein Bär kam und daran naschte, knallten sie ihn ab. Gegen Ende des Sommers sind Bären natürlicherweise ausgehungert. Und in Jahren, in denen der natürliche Nahrungsvorrat spärlich ausfällt, können sie leicht geködert werden.

Auf diese Weise werden in Minnesota schätzungsweise jedes Jahr im September 3400 Bären getötet. Obwohl ich seit vielen Jahren Jäger bin, würde ich kein Tier auf eine solche Weise jagen, da weder Geschicklichkeit noch Sportsgeist dazu gehören. Wenn es nach mir ginge, wäre das Ködern von Bären gesetzlich verboten. Glücklicherweise sind Bären hochintelligent. Nach dem ersten Jagdwochenende begreifen sie die drohende Gefahr und später, im Verlauf des Monats, werden nur noch sehr wenige getötet.

Obwohl wir während der Jagdsaison um die Sicherheit der Bären fürchteten, wurden tatsächlich nur wenige Bären von legalen Jägern erlegt. Über die Jahre gewannen Patti und ich den Eindruck, dass eine viel größere Anzahl von den ländlichen Grundbesitzern getötet wurde, die Bären einfach deshalb erschossen, weil sie sie nicht in der Nähe haben wollten.

Es brach einem das Herz, wenn man auf einen Bären stieß, der durch Schüsse verletzt war. Im Laufe jener Jahre begegneten uns viele solcher Tiere.

Mitte September schleppte sich eines Abends ein großes Männchen durch den Bach und brach auf dem Rasen hinter dem Haus zusammen. Er war offensichtlich schwer an der Schulter verwundet, und wir trugen eine große Schale mit Sonnenblumenkernen zu ihm hin. Als wir auf ihn zukamen, humpelte er in den Wald, kehrte aber wenig später zum Fressen zurück. Bei Einbruch der Abenddämmerung hörten wir, wie er sich auf der Suche nach einem sicheren Ort durch den Wald quälte. Wir sahen ihn nie wieder, obwohl ich am nächsten Morgen durch die Wälder lief, um nach ihm zu sehen.

Einige Bären, die wie dieser verwundet wurden, aber noch fliehen konnten, starben innerhalb weniger Tage. Sie sind auch für die Jäger verloren, die in der Regel weder die Fähigkeit noch die Courage besitzen, sie durch die Wälder zu verfolgen, die zu jener Jahreszeit immer noch grün und dicht belaubt sind. Welch eine schreckliche Verschwendung, kann man da nur sagen.

In jenem Herbst war die Beerenernte nicht nur ausgezeichnet, sie war für einen unermüdlichen Pflücker schier unerschöpflich. Bei so reichlicher Nahrung war die Bärenjagd nicht sehr aussichtsreich. Am Morgen des 4. September, lange nachdem die Beerensaison für gewöhnlich beendet war, pflückten wir drei Litereimer voller großer Blaubeeren in einer halben Stunde. Als wir die alte Holzfällerstraße hinunterfuhren, um zum Beerengebiet zu gelangen, bemerkten Patti und ich mehrere Haufen Bärenkot. Er war tief dunkelblau und mit kleinen, harten, unreifen Blaubeeren gespickt. Kein Wunder, dass in der Nähe des Hauses so wenige Bären zu sehen waren, ausgenommen der zwei Mütter mit ihren Jungen. Kein Wunder außerdem, dass Big Mama und ihre Begleitung seit so langer Zeit verschwunden war. Sie waren alle immer noch in den Beerengebieten und ließen es sich gut gehen.

In der Zwischenzeit waren wir mit der Herausgabe der Zeitung beschäftigt, die auch einen wöchentlichen Bericht des örtlichen Sheriffs enthielt, über die Anrufe, die durch sein Büro beantwortet wurden. Gegen Ende August waren gewöhnlich stets einige »Bärenbeschwerden« von Leuten aus Grand Marais dabei.

Fast jedes Jahr von Ende August bis Anfang Oktober konnten die Anwohner damit rechnen, in ihrer Nachbarschaft Bären zu sehen oder zu hören, die nachts auf der Suche nach Nahrung umherzogen. Manchmal landeten diese Besucher sogar in der Innenstadt, wo sie in der Regel in den großen Müllbehältern der Restaurants herumwühlten. Während unserer Jahre in der Zeitungsredaktion erhielten wir zahlreiche Anrufe zu jungen Bären, die durch Hunde auf einen Baum getrieben worden waren, oder zu ausgewachsenen Bären, die Kindern »Furcht einjagten«. Tatsächlich hatten die Eltern häufig größere Angst als ihre Kinder und reagierten dementsprechend.

Die glücklicheren Bären schafften es, irgendwie wieder lebend zurück in die Wälder zu gelangen. Einige hatten weniger Glück. Meistens blieben die Anwohner jedoch ruhig, wenn ein Bär in der Umgebung auftauchte. Sie waren hier und da mal an einen Elch gewöhnt, der durch die Straßen galoppierte, im Winter an Kojoten auf dem Eis im Hafen, an einen Adler, der sich am Fischerhafen unter die Seemöwen mischte und sogar an einige Pumas, die am Rande der Stadt gesichtet wurden. Die Gesellschaft der Bären war um den *Labor Day* herum, den Tag der Arbeit am 1. Montag im September, einfach eine Tatsache in Grand Marais.

Little Bit kehrt früh zurück

Am frühen Abend des 10. Mai 1994 sahen Patti und ich mit unserer neuen Parabolantenne fern, als wir draußen die hinteren Holztreppenstufen knarren hörten. »Ein Bär, vermutlich«, dachte ich laut.

Patti stand auf und ging ins Wohnzimmer, um nachzuschauen. »Waoh!«, rief sie aus. »Bist du es wirklich? Jack, sieh dir das an. Ich glaube Little Bit ist schon zurück.«

Ich beeilte mich. Tatsächlich, dort saß unser Stargast neben der Tür und kratzte freundlich mit einer Tatze an der Scheibe, um unsere Aufmerksamkeit auf sich zu ziehen. Miracle war hinter ihr zu sehen und ging an der Bank entlang. Patti holte Sonnenblumenkerne, um sie Little Bit hinauszustellen, doch als sie zur Tür kam, drehte die Bärin sich auf dem Absatz um und ging zur Bank hinüber, wo sie durch die Bäume hindurch hinüber zum Bach schaute.

»Komm her, Little Bit«, rief Patti. »Ich habe hier Sonnenblumenkerne für dich.« Die Bärin kam langsam herüber und wurde von meiner Frau im Nacken gekrault, doch anstatt zu fressen, ging sie weiter zur Treppe und stieg, dicht gefolgt von Miracle, die Stufen hinunter.

»Was war das denn?«, wunderte ich mich. »Sie benimmt sich so, als kenne sie uns kaum wieder.« Ich gebe zu, dass ihr abruptes Verschwinden mich enttäuscht hatte.

»Sie erkennt uns ganz genau«, erwiderte Patti. »Sie schien einfach nur mit etwas anderem beschäftigt zu sein, so als wollte sie nur kurz vorbeikommen und uns begrüßen, um sich dann wieder etwas anderem zuzuwenden.«

»Sie waren überhaupt nicht hungrig«, fügte ich hinzu. Ich hoffte, dass Little Bit einfach nur etwas gerochen oder gehört hatte, was sie störte, und dann kurze Zeit später zurückkommen würde. Meine Hoffnung zerschlug sich, als sie an jenem und auch am darauf folgenden Abend nicht zurückkehrte.

Ein Tag nach dem anderen verging, und wir sahen keine Spur von Little Bit oder Miracle oder irgendeinem anderen Bären. Schließlich, zehn Tage später, kamen sie zurück. Es war wieder nur ein »Hallo und Tschüss«. Little Bit sah gut aus, gesund und groß, aber sie wollte nicht in der Nähe bleiben. Wir konnten uns aus ihrem Verhalten keinen Reim machen.

Drei Tage später dann, am 23. Mai, kam Little Bit allein zurück. Kein Junges, aber diesmal war sie zufrieden, blieb bei uns und setzte sich im Sonnenschein auf die Bank. Sie stand auf und streifte zweimal herum, doch jedes Mal kehrte sie nach kurzer Zeit zurück.

»Komisch, sie sieht aus wie Little Bit und sie verhält sich wie Little Bit, aber wo ist der kleine Unruhestifter?«

Patti schüttelte ihren Kopf. »Hier geht irgendetwas vor sich, was wir nicht verstehen.«

Am nächsten Tag kam Miracle ganz allein an. Er blieb nicht lange, kam aber ein zweites Mal an jenem Tag zurück. Er machte einen unsicheren und verlorenen Eindruck in seiner neuen mutterlosen Situation.

Unsere Fragen waren vollständig beantwortet, als Little Bit am 25. allein und glücklich, uns zu sehen, zurückkehrte. Sie kam direkt auf mich zu und rieb ihre Schnauze in ihrer alten vertrau-

Little Bit schaut mir über die Schulter, nachdem sie für einen weiteren Sommer zurückgekehrt ist.

ten Art an meinem Arm. Es war offensichtlich, dass sie Miracle verlassen hatte, obwohl die Mütter ihre Jungen gewöhnlich bis Mitte Juni bei sich behalten. Es hatte den Anschein, als könne sie es kaum erwarten, wieder frei und ohne Junges zu sein. An jenem Tag erklärte Patti Little Bit wieder für »völlig normal«. Und der kleine Miracle war nun ganz auf sich allein gestellt.

Vielleicht war die Aussicht auf Sex und Paarung Teil der Überlegung gewesen, die Little Bit dazu gebracht hatte, Miracle so früh allein zu lassen, denn es dauerte nicht lange und der erste Bewerber tauchte auf. Am 26. Mai kam ein großes Männchen auf den vorderen Rasen marschiert, schnüffelte in der Luft und begann dann buchstäblich und mit voller Absicht auf dem Boden herumzustampfen. Er hob jedes Bein sehr hoch an und ließ es mit aller Wucht wieder herunterfallen, so als habe er die Absicht, tiefe Fußabdrücke zu hinterlassen. Wenn Sie je einen Lipizzanerhengst oder ein Tennessee Walking Horse gesehen haben, so verstehen Sie, was ich meine. Das Stampfen des Bären folgte einer Art Kadenz oder Rhythmus.

Patti und ich hatten das Schauspiel beide verfolgt, und auch wenn wir zweifellos beeindruckt waren, konnten wir uns doch keinen Reim auf diesen »Tanz« machen. Später mutmaßten wir logischerweise, dass dieser große Kerl die Paarungsbereitschaft von Little Bit gespürt hatte und gekommen war, um sie zu umwerben, wobei es ihm gelungen war, die Rasenfläche auf eine Art zu markieren, die nicht so bald in Vergessenheit geraten würde.

Dieser Bär war eines von drei oder vier der größten Schwarzbärexemplare, die wir jemals zu Gesicht bekommen haben, und er hatte das Paarungsritual offensichtlich schon mehrmals durchlaufen. Da wir dieses Ritual nur einmal beobachten konnten, nehmen wir an, dass nur wenige Menschen es je gesehen haben. Wir erwähnten es gegenüber zwei oder drei Bärenkennern, darunter auch Bill Peterson, dem örtlichen Naturschutzexperten des Forstamtes, doch keiner schien darüber etwas zu wissen. Möglicherweise war dieses Verhalten nur eine Eigenart dieses einen Bären.

Am Heldengedenktag, dem letzten Montag im Mai, war Little Bit seit zweieinhalb Wochen wieder zurück, aber von Big Mama und ihren Jungen war noch nichts zu sehen. Wie immer, wenn einer unserer Stammgäste auf sich warten ließ, fürchteten wir das Schlimmste.

Um 22.30 Uhr am Abend des 30. Mai hörten wir hinten auf der Veranda einen grunzenden oder brüllenden Laut – zuerst nur schwach, doch dann immer lauter. Ich legte mein Buch zur Seite, ging hinunter und dachte, es klingt nach einem typischen Bärenstreit um den Kasten mit den Sonnenblumenkernen. Die laute

Stimme allein hätte mich vorwarnen können, dass es sich um Napoleon handelte. Als das Licht die Veranda hell erleuchtete, war er auf der einen und Honey auf der anderen Seite des Kastens zu sehen, an dem sie mit äußerster Kraft zogen. Und beide waren sie gut bei Stimme.

»Endlich wieder zurück«, sagte ich laut genug, um Patti zu alarmieren. Sie rannte die Treppe hinunter, sah die Jungen und sagte: »Ihr kleinen Kerle habt uns zu Tode geängstigt; was hätte euch alles passiert sein können.«

Als ich die Schiebetür öffnete, vergaßen die Jungen ihren Streit und sprangen regelrecht in meine Arme. Ich musste sie festhalten, damit sie nicht direkt ins Wohnzimmer liefen. Wir feierten ihre Rückkehr; Big Mama stand wie immer wartend in der Dunkelheit neben der Treppe und bewachte die Veranda.

Bei genauerer Betrachtung fiel auf, dass diese Jungen im Vergleich zu dem hoch aufgeschossenen Miracle immer noch recht klein und dünn wirkten. Wir vermuteten, dass sie einen langen Weg zurückgelegt hatten, seit sie aus ihrem Winterschlaf erwacht waren. Welche Geschichten hätten Bären wohl zu erzählen, wenn sie sprechen könnten?

Das Trio kehrte am nächsten Tag gemeinsam zurück und dann wieder an meinem Geburtstag, dem 2. Juni. Zu jener Zeit, so wussten wir, stand die Teilung der Familie unmittelbar bevor. Es war nur noch eine Frage von wenigen Tagen, dann würde Big Mama ihre Jährlinge verlassen und sich einen neuen Partner suchen. Es war in der ersten Juniwoche, dass sie den Familienverband auflöste. Napoleon kam nur kurze Zeit später zurück. Ich erinnere mich lebhaft an seine Rückkehr, denn er schien einsam und verlassen und verweilte lange, obwohl die Sonne heiß auf seinen noch langen und dichten Winterpelz brannte.

Es war auch der Tag der »Honigepisode«. Wir hatten ein fast

leeres Glas Honig und dachten, es sei für ein soeben verwaistes Junges ein wirklicher Leckerbissen. Wir hielten das Glas umgekehrt über die Sonnenblumenkerne, aber der Honig war zu dickflüssig und lief nicht heraus, also holte Patti einen langstieligen Löffel und kratzte ihn damit heraus. Napoleon war wie immer sofort dabei. Mit seiner langen Zunge schleckte er nach dem heruntertropfenden Honig. Er saß wie ein kleiner Gentleman da und schleckte den Löffel so oft ab, wie Patti ihn ihm hinhielt.

Seine Schwester dagegen schien in jenem Sommer einfach verschwunden zu sein. Sie kam eines Abends im Hochsommer zurück, verhielt sich ruhig und freundlich und flüchtete, als ein größerer Bär sich näherte. Das war das Letzte, was wir bis zum nächsten Jahr von ihr sahen.

In der Zwischenzeit war Little Bit damit beschäftigt gewesen, einen passenden Partner ausfindig zu machen. Als sie Anfang Juni zurückkehrte, folgte ihr der neue Gefährte dicht auf den Fersen. Er war groß, etwa an die 180 Kilogramm schwer. Er hatte zwei kleine Streifen auf jeder Seite der Brust, die ein Muster bildeten. Bis dahin hatten wir zwei andere Bären mit unverwechselbaren weißen Fellzeichnungen auf der Brust gesehen. Der erste war Großvater, dessen Markierung in einem weißen Klecks bestand. Und dann war da noch Sarge mit seinen drei Streifen.

Als Little Bit auf die Veranda kam, wartete ihr neuer Partner unten. Er war geduldig, was ein Glück war, denn sie hatte keine Eile. Sie kletterte auf die Bank, setzte sich hin, ließ ihre kurzen Beine über den Rand in die Luft baumeln und machte sich daran, die Sonnenblumenkerne vom Geländer zu fressen, die dort für die Vögel liegen geblieben waren. Sie saß immer in dieser Weise, wie ein Mensch und nicht wie ein Bär, und manchmal blieb sie eine Stunde lang oder länger so sitzen. Heute war so ein Tag. Ich

Little Bit und ein sehr großer Unbekannter, der ihr eines Tages nach Hause folgte.

schaute hinunter, um zu sehen, ob ihr Freund immer noch wartete.

»Ist er immer noch da?«, fragte Patti.

»Immer noch da«, erwiderte ich. Wir schauten dreimal in etwa einer Stunde.

»Immer noch da?«

»Immer noch da.«

Schließlich machte sich das Paar wieder auf den Weg, und wir sahen Little Bit für mehrere Tage nicht mehr. Bei ihrer Rückkehr wurde sie von einem anderen Bewerber begleitet. Dieser Bär war massiv schwarz und nur etwas größer als sie. Er wartete ebenfalls geduldig, während sie aß, und schien an seinem eigenen Hunger nicht interessiert zu sein.

Bei vielen Tierarten fechten die Männchen während der Paarungszeit Kämpfe aus. Wir wussten, dass das bei Elchen und Hirschen der Fall war, sahen es aber nie bei Bären. Die Bärenmännchen schienen die Paarung scheinbar ganz entspannt anzugehen, und wir erfuhren, dass sie tatsächlich während dieser Zeit auf die Nahrungssuche verzichten.

Schließlich kehrte Big Mama ebenfalls mit einem Freund zurück. Auch er wartete unten, gerade außer Sichtweite. Ich versuchte, ihn von verschiedenen Aussichtspunkten aus zu erspähen und konnte am Ende einen Blick auf ihn werfen.

»Oh, nein«, stöhnte ich.

»Was ist denn los. Stimmt was nicht?«, fragte Patti besorgt.

»Ich glaube es einfach nicht«, fuhr ich fort.

»Was ist denn los?« Sie wurde hartnäckiger.

»Big Mama hat denselben Freund, den Little Bit vorher hatte. Erinnerst du dich? Der mit den weißen Streifen.«

»Und was ist daran nicht in Ordnung?«, fragte sie nach kurzem Überlegen. »Sie sind nicht wie Menschen.«

»Ich weiß, aber irgendwie ist es nicht in Ordnung.«

Ich weiß, dass es lächerlich ist, zu glauben, Bären sollten ähnlichen Regeln folgen wie Menschen, aber irgendwie, nachdem wir so lange Zeit mit Little Bit verbracht hatten, erschien sie mir nicht mehr wie ein wilder Bär. Mein Verstand brauchte eine Weile, um die Dinge zu sortieren. Schließlich lachte ich. »Meinetwegen. Dieser alte Junge ist wahrscheinlich die Nummer eins in diesem Wald. Na dann, alle Kraft voraus.«

Wie bereits erwähnt zeichneten wir die Aktivitäten der Bären in jenen Tagen auf, indem wir eine Art Tagebuch führten.

Hier ist Pattis Eintrag von Samstag, den 8. Juli:

Ich wachte auf und schaute aus einem der Wohnzimmerfenster. Dort saß Scar, schaute zum Fenster herein und schien einfach damit zufrieden zu sein, auf seinem Hinterteil zu sitzen und zu betteln wie ein großer schwarzer Hund. Ich zog die Gardinen auf und sah Little Bit, die sich gleich neben der Tür herumtrieb. Sie hatte in etwas geschlafen, das noch wie ein Spitzenschal an ihrem Kopf hing. Scars Schnauze sah ebenfalls verdächtig hell aus. Was haben sie angestellt? Als ich die Auffahrt entlangblickte, sah ich eine Spur aus Müll. Sie hatten die Garagentür geöffnet, sie gut 1,80 Meter nach oben gedrückt. Der Müll lag in einer Spur von der Tür über die Auffahrt und um das Haus herum verstreut. In der Zwischenzeit hatte sich Toby den beiden auf der Veranda angeschlossen. Little Bit und Scar schauten mich mit feierlichen Gesichtern an, wie zwei schelmische Kinder. Jack verscheuchte die beiden Männchen von der Veranda, die daraufhin um das Haus herumpilgerten und auf eine Gelegenheit warteten wieder heraufzukommen.

Eines Morgens in jenem Monat fanden wir das Garagentor geöffnet vor, und der Müll lag überall auf dem seitlichen Hof und der Auffahrt verstreut herum. Von nun an beobachteten wir ganz genau, wenn sich irgendein Bär der Garage näherte. Tatsächlich wurde der Schuldige schnell entdeckt. Es war Little Bit, die ihrem Freund etwas vorführte. Das Garagentor war eine schwere solide Holzkonstruktion. Um es zu öffnen, brauchte man Kraft. Doch für Little Bit war diese Anstrengung ein Kinderspiel.

In der Schule hatten wir gelernt, dass der Unterschied zwischen Mensch und Tier darin besteht, dass der Mensch schlussfolgern kann. Ich kann jedoch versichern, dass auch Little Bit zu Schlussfolgerungen fähig war. Möglicherweise hatte sie gesehen, wie ich das Tor geöffnet hatte, doch sie musste dann immer noch mit der Mechanik fertig werden. Ich machte mir vor allem darüber Sorgen, dass ein Bär das Tor öffnen und dann möglicherweise in der Garage in der Falle sitzen würde. Das könnte den Bären hysterisch werden lassen und jedem (mir oder Patti) beim Betreten der Garage eine Überraschung bescheren, dass ihm das Herz stehen blieb. Glücklicherweise schaffte Little Bit es, das Tor 1,80 Meter weit hochzuwuchten, sodass es nicht wieder zuschlagen konnte.

Seit einiger Zeit hatte ich den Erwerb eines automatischen Toröffners in Betracht gezogen, und nun war der geeignete Zeitpunkt gekommen, eine solche Anschaffung zu tätigen. Noch in jener Woche fuhren Patti und ich nach Duluth und kauften eine solche Vorrichtung. Überraschenderweise gelang mir der fachgerechte Einbau. Das machte den Albernheiten von Little Bit schließlich ein Ende.

Der Lauf der Dinge wollte es, dass unsere Garage in jenem Sommer auch der Veranstaltungsort für das jährliche Fischgrillfest der Redaktion wurde. Normalerweise fand dieses Ereignis am Strand östlich von Grand Marais statt, wo wir frischen Lachs und Bachforellen über einem offenen Feuer grillten. Es regnete jedoch jedes Jahr, und so verbrachten wir letztendlich stets einen Teil des Festes in unseren Autos und warteten darauf, dass der Regen nachließ.

Dieses Jahr beschlossen wir, dass die Party hinter dem Haus in der Nähe des Flusses steigen sollte, wo es auch schon eine Feuerstelle gab. Sollte es regnen, so konnten sich alle ins trockene Haus flüchten. Am Tag des Grillfestes war das Wetter wie zu erwarten. Es regnete. Auf das Schlimmste vorbereitet, stellten wir in diesem Jahr Tische in der Garage und auch unter einer großen Plane auf der Zufahrt auf. Nicht sehr dekorativ, aber praktisch.

»Wo sind die Bären?«, fragte jemand.

Ich erklärte, sie seien scheu und kämen nicht aufs Stichwort. Der Regen wurde stärker, und so nahmen wir unsere Teller mit ins Haus und aßen im Wohnzimmer. Tatsächlich erschien Little Bit auf der rückwärtigen Veranda und schaute, gerade als sich alle gesetzt hatten, durch das Fenster. Der Fisch war im Nu vergessen, und etwa ein Dutzend Nasen pressten sich an die Fensterscheibe. Blitzlichter flackerten auf. Durch all diese Aufmerksamkeit erschreckt, zog Little Bit sich verwirrt zurück.

Der Regen ließ nach und alle gingen wieder hinaus, um Marshmallows zu grillen. Nach einigen Minuten deutete einer der kleinen Jungen über den vorderen Rasen und sagte: »Da ist ein Bär.« Er hatte Little Bit erspäht, die um die Ecke des Hauses schaute; sie stand dicht hinter dem Weichselkirschbaum und fragte sich, was hier vor sich ging.

»Wenn du hinübergehst, um sie genauer anzuschauen, dann läuft sie weg«, sagte ich. »Tu so, als hättest du kein Interesse an ihr, dann bleibt sie vielleicht da.«

Ich hätte mir keine Sorgen zu machen brauchen, dass das Kind Little Bit erschrecken könnte. Es spähte hinter den Hosenbeinen seines Vaters hervor nach der vorsichtigen Bärin.

Bei Einbruch der Dunkelheit setzte ein allgemeiner Aufbruch ein, und Little Bit zog sich bei dem lauten Schlagen der Wagentüren erneut in den Wald zurück. Als alle gegangen waren, konnte sie ihre Neugier jedoch nicht länger zügeln und kam noch einmal zurück. Dieses Mal sah sie nur Patti und mich und kam sofort herüber. Wir räumten auf und stellten die Stühle in die Garage zurück, als ich bemerkte, dass sie mir folgte und herumschnüffelte, während wir geschäftig umhereilten. Sie verhielt sich wie ein großer schwarzer Hund, ohne besondere Eile und ohne Interesse an den Resten, sie folgte mir einfach nur dicht auf den Fersen, wohin ich auch ging.

Patti kam in die Garage und schaute mich seltsam an. »Alles in Ordnung?«, fragte sie.

»Oh, ja, nur ich und unser Vagabund sind hier«, erwiderte ich und zeigte auf die Bärin, die in einer Ecke herumschnüffelte. Solange ich mit dem Aufräumen beschäftigt war und hin- und hereilte, folgte Little Bit mir zufrieden durch die Garage. Sie machte keinen hungrigen Eindruck, sondern suchte einfach Gesellschaft.

Sie war den ganzen Tag durch tropfendes, vom Regen triefendes Gebüsch gelaufen, aber als ich an jenem Abend ihren Pelz berührte, war das Fell tief innen und nahe ihrer Haut vollkommen trocken. Das kam daher, dass ihr Fell jeden Sommer in zwei Längen nachwuchs. Zuerst wuchs ein sehr weicher, dichter und kurzer Pelz, danach folgte ein dicker, grober und langer Pelz. Das Ergebnis daraus war ein schönes, wasserdichtes Kleidungsstück.

Obwohl ihr Pelz sie vor dem Nasswerden schützt, schütteln Bären sich ordentlich – wie ein Hund, um das Wasser abzustreifen. Das Wasser spritzt in alle Richtungen. Bevor sie sich schüttelte, wartete Little Bit so lange, bis Patti und ich beide in Reichweite waren. »Zum Donnerwetter! Danke schön, Little Bit«, riefen wir.

Als ich einem Freund erzählte, dass wir manchmal täglich drei oder vier Stunden draußen mit Little Bit verbrachten, wunderte er sich, was wir während dieser ganzen Zeit eigentlich machten. Ich erzählte ihm, dass wir manchmal einfach nur mit ihr draußen saßen. Patti saß auf dem Boden der Veranda und Little Bit ließ sich neben ihr nieder und legte ihren Kopf leicht an ihre Schulter. Ohne ein Junges, um das sie sich kümmern musste, machte sie einen sehr freundlichen und entspannten Eindruck. Manchmal kletterte sie die Treppen zur Veranda empor, setzte sich auf die Bank und saß einfach nur da, wobei sie auf den Bach und den Wald hinaussah.

Eines Sonntags, wir kamen von der Kirche zurück, fanden wir sie an ihrem gewohnten Platz vor. Als der Wind jedoch kräftiger wehte, wurde sie unruhig und begann auf und ab zu gehen. Patti und ich sprühten uns mit Insektenspray ein und gingen hinaus, um bei ihr zu sitzen. Sie wurde sofort ruhiger und kletterte auf die Bank, wo wir gemeinsam über eine Stunde lang saßen, Patti und ich lasen die Sonntagszeitung und Little Bit fraß ein paar Sonnenblumenkerne, während sie ihr Gebiet überschaute.

An jenem Abend, es war etwa eine Stunde nach dem Abendessen, schaute Little Bit zum Fenster hinein, um zu sehen, ob wir zu Hause waren. Der Wind hatte sich gelegt und ein Moskitoschwarm folgte jeder ihrer Bewegungen. Sie schenkte ihnen keine Beachtung, doch ihre Anwesenheit war ein Warnsignal für Patti und mich, dass wir uns vorsichtshalber freiwillig mit Insektenspray einnebeln sollten, bevor wir zu ihr hinausgingen.

In Minnesota kursieren viele Witze über den Moskito als

Little Bit und ich sitzen einfach nur da.

Wappentier des Staates. Wie groß, blutrünstig und zahlreich Moskitos sind. Wie sie als schwarze Wolke Bären umschwirren und jedes Geschöpf abwehren, dass sich zu nähern wagt.

An jenem Abend blieben wir länger als zwei Stunden, bis ungefähr 22.30 Uhr, draußen, bis das Licht im Westen immer mehr abnahm. Ich hatte meinen Bärenstock parat für den Fall, dass irgendwelche Rowdies oder Langnasen uns Gesellschaft leisten wollten, und Patti hatte ihren breitkrempigen Antifledermaus-Hut aufgesetzt.

Als die Nacht hereinbrach, tauchten ebenfalls die fliegenden Eichhörnchen auf, um Sonnenblumenkerne zum Nachtmahl zu verzehren. Die Flieger, wie sie der Einfachheit halber genannt werden, haben große Augen, um im Dunkeln sehen zu können, und das weichste Fell von allen Tieren, die ich kenne. Normalerweise sind sie scheu und nervös, aber nachdem sie bei ihrem ständigen Kommen und Gehen neben uns gelandet waren, wurden sie erstaunlich ruhig in unserer Gegenwart. Um auf die Veranda zu gelangen, erklommen die Flieger einen nahe gelegenen Baum, von dem aus sie auf das Geländer sprangen. Nachdem sie sich ein paar Mal das Maul mit Sonnenblumenkernen voll gestopft hatten, segelten sie von der Veranda den Berg hinunter und landeten unten auf einem Baumstumpf. Dann kletterten sie erneut hinauf und wiederholten das Ganze.

Um auf ihre Art durch die Luft zu fliegen, haben diese Eichhörnchen Häute oder Membranen, die ihre vorderen mit ihren hinteren Beinen verbinden, ähnlich wie die Schwimmhäute an einem Entenfuß. Wenn sie zum Flug ansetzen, spreizen sie ihre Beine, um ihre »Flügel« auszubreiten. Auf diese Weise können sie 15 bis 20 Meter durch die Luft gleiten.

Wir leisteten Little Bit Gesellschaft und beobachteten, wie die Schatten der Eichhörnchen im Halbdunkel von den Bäumen segelten und neben uns landeten. Sie liefen durch die Kerne, die vor Little Bit lagen, und Little Bit ignorierte sie. Dann flogen sie zurück, hinunter zu einem Baum neben dem Bach. Sie trafen stets genau ihr Ziel und verfehlten es niemals.

An jenem Abend gelang es uns das erste Mal, sie zu streicheln. Wir saßen sehr still, als sie in den Kasten mit den Sonnenblumenkernen kletterten. Dann bewegten wir unsere Hände sehr langsam und strichen sanft mit einem Finger über ihren Rücken. Sie sind sehr zart und für Raubtiere wie Eule und Baummarder anscheinend leichte Beute.

Diese fliegenden Eichhörnchen gehörten zu den sanftesten und ungewöhnlichsten Geschöpfen, denen wir während unserer Jahre am Elbow Creek begegneten. Häufig teilten sie den Futterkasten mit Little Bit oder einem der Jungen. Little Bit ignorierte die Eichhörnchen, aber die Jungen machten aus der Begegnung ein Versteckspiel.

In jener Nacht, als Patti und ich schließlich aufstanden, um hineinzugehen und den Moskitos zu entkommen, stand auch Little Bit auf um zu gehen. Sie war nicht wegen der Sonnenblumenkerne oder der Flieger geblieben, sondern hatte sich einfach an unserer Gesellschaft erfreut.

Im vorangegangenen Sommer, als wir den gut zwei Meter hohen Zaun aus Zedernholz gebaut hatten, waren die Schäferhundschwestern nur halb ausgewachsen gewesen und wogen nicht mehr als 16 Kilogramm. Nun waren sie zu voller Größe herangewachsen, und Sheba wog 38 und Shadow 34 Kilogramm.

Wenn es jemanden gab, der Little Bit in Aufregung versetzen konnte, so war es Sheba, die an der inneren Zaunseite entlangpatrouillierte und die Bären anbellte. Irgendwie war sie zu dem Schluss gekommen, dass die Bären ihre Todfeinde waren. Ihre selbst gestellte Aufgabe bestand darin, uns vor ihrer Ankunft zu warnen und sie zu vertreiben. Shadow zeigte dagegen null Interesse und beobachtete die Angelegenheit nur nebenbei.

In jenem Frühling sah Sheba es als ihre Aufgabe an, das Haus vor den Bären zu schützen. Ich schwöre, dass sie sie direkt durch eine dicke Wand oder ein geschlossenes Fenster hindurch riechen konnte. Im Gegensatz zu uns wurde sie nie von ihnen überrascht. Die Stammgäste bekamen schnell heraus, dass sie auf der einen Seite des Zaunes und sie selbst auf der anderen Seite waren, aber ihr Bellen beunruhigte sie. Besonders Little Bit und Big Mama begannen, an den Zaun zu schlagen. Um den Hund zu beruhigen, brachten wir ihn hinunter. Die Hunde hatten weiche Lager im Souterrain und schliefen nachts dort. Irgendwie fühlte Sheba sich dort von ihrer Aufgabe befreit. Egal, wie viele Bären sich auf der Veranda versammelten, im Souterrain hatte sie dienstfrei.

Etwa in der Mitte des Sommers brach ein schrecklicher Krawall an der Ecke des Zaunes aus, wo der alte Bärenpfad aus dem Wald herausführte. Sheba bellte wie verrückt, und es war ein Bär zu hören, der an die primitiv gesägten Bretter des Zaunes schlug.

Ich ging auf die Veranda hinaus und schaute hinunter am Zaun entlang. Ein Bär saß entspannt am anderen Ende unter dem Baum. Es war Scar, der in diesem Sommer zum ersten Mal aufgetaucht war. Ich beobachtete, wie er ruhig dort saß, während der Hund, für ihn nicht sichtbar, auf der anderen Seite des Zaunes mit von den Schultern bis zum Rücken aufgestellten Nackenhaaren bellte und tobte. Schließlich wurde Sheba ihrer Anstrengungen müde und hielt inne, um festzustellen, ob ihre Antibärenaktion Erfolg gehabt hatte. Scar lehnte sich etwas vor, schlug an die Bretter und kratzte mit seinen Krallen am Holz entlang.

Wieder legte sie los und bellte wütend, während Scar sich zurücklehnte und das Schauspiel genoss. Solange ich hinunterschaute, wiederholten sie dieses Spiel zweimal. Dann verlor Scar den Spaß an der Sache und kam auf die Veranda hinauf. Ich schwöre, dass auf seinem Gesicht ein boshaftes kleines Lächeln zu sehen war. Ich schüttelte den Kopf, ging hinaus und brachte Sheba herein, damit sie nicht ihre Stimme verlor. »Sie ziehen dich auf, Sheba. Merkst du das nicht? Vielleicht solltest du mit dem vielen Bellen aufhören und stattdessen lieber genau hinhören. Dann hättest du bemerkt, was auf der anderen Seite vor sich ging.«

Die Hündin war nicht dumm. Gegen Ende des Sommers hatte sie genau das gelernt, was ich vorgeschlagen hatte. Sie lief den Zaun entlang, benutzte ihre Nase, um den Aufenthalt des Bären genau zu bestimmen, und horchte dann. Als die Bretter des

Zauns trocken wurden, öffneten sich schmale Risse zwischen ihnen, sodass Hund und Bär einen Blick aufeinander werfen konnten. Sheba wurde zur stillen Jägerin und war nicht länger der bellende Angreifer. Das Leben wurde auf diese Weise für uns alle angenehmer und natürlich ruhiger.

Da Little Bit ein fast täglicher Besucher war, schenkte Sheba ihr gegen Ende des Sommers nicht mehr die geringste Beachtung. Ich bin mir sicher, dass sie den speziellen Geruch dieser Bärin kannte und bemerkt hatte, dass sie, wenn sie kam, wahrscheinlich eine Weile bleiben würde.

Scar kam und ging bis zum August, in dem er wieder verschwand. Wir vermuteten, dass er den Frühsommer mit dem Werben um Bärenweibchen verbracht hatte, und dass der Monat August den Beerengebieten gewidmet war. Scar mit seinen fünf Jahren war nicht mehr der häusliche Bär, der er früher einmal gewesen war.

Ab Mitte Juni wurde der Sommer 1994 trocken und heiß. Sträucher, die eine hervorragende Blaubeerenlese versprochen hatten, brachten nur eine karge Ernte hervor. Hin und wieder zog der Rauch eines Waldbrandes herüber, der in Ely, etwa 130 Kilometer Luftlinie entfernt, ausgebrochen war.

Die Alteingesessenen behaupteten stets, dass es nach dem Anglerpicknick, einer Augustfestlichkeit in Grand Marais, mit dem Sommer bergab ging und der Herbst langsam Einzug hielt mit sich abkühlenden Nächten. In jenem Jahr war das Wetter noch den ganzen Monat hindurch und weit bis in den September hinein trocken und warm.

Der Bach führte nur wenig Wasser, und es ragten viele Steine heraus. Die als Swimmingpool dienende Vertiefung etwas weiter unten vor unserem Haus war kaum tief genug, um eine Anziehung auf einen Bären auszuüben. Doch Little Bit entdeckte einen noch besseren Swimmingpool etwa 800 Meter weiter südlich am Devil's Track River in der Nähe von Ed Hedstroms Haus. Patti erfuhr von dieser Entdeckung, als sie Eds Frau beim Einkaufen traf.

»Wir haben eure Bärin, Little Bit, gesehen, sie schwamm im Fluss«, erzählte sie. »Es gibt dort einen schönen natürlichen Pool, wo alle Hedstrom-Kinder seit Jahren spielen. Jetzt schwimmen unsere Kinder dort, und Little Bit hat die Stelle entdeckt. Ich kann sie von der Brücke aus sehen.«

Die Hedstroms hatten nichts dagegen, ihren Swimmingpool mit Little Bit zu teilen, die in der Gegend wohl bekannt war. Am Abend nach einem heißen Tag kam sie auf die hintere Veranda und es hing Farn in ihrem nassen Pelz. Aus ihrem nassen Äußeren schlossen wir, dass sie ein Bad genommen und danach im kühlen, schattigen Farn ein kleines Nickerchen gemacht hatte. Für einen großen Bären mit einem schweren Pelz war das wohl die einzige Möglichkeit, sich an einem heißen Nachmittag abzukühlen.

Ich nehme an, dass auch die Hitze in jenem Sommer teilweise zu meiner Entscheidung beitrug, nicht länger hinter meinem alten Rasenmäher herzulaufen, sondern stattdessen auf einem zu fahren. Doch sobald mein Traum, stolzer Besitzer eines Rasenmähtraktors zu sein, in Erfüllung gegangen war, stellten sich auch schon Schuldgefühle ein. Ich hatte zu viel Geld ausgegeben. Ich brauchte keinen so großen Mäher für ein so kleines Stück Rasen. Ich verdiente es nicht, darauf zu fahren. In solch einem Fall ist jede Maßnahme willkommen, die das Schuldbewusstsein mildert. Meine Lösung bestand darin, die zu mähende Rasenfläche um ein Vielfaches auszudehnen, was dann den Einsatz des Mähers rechtfertigte.

Patti und ich hatten überlegt, das Gebiet zwischen Haus und

Bach zu lichten, das zurzeit so stark zugewuchert war, dass wir kaum etwas vom Wasser sehen konnten. Wir riefen also Tim Mathison an, einen Auftragnehmer, der mit meiner Cousine Joan verheiratet war. Ich umriss ihm meine Vorstellungen, ein Gebiet von 30 mal 75 Metern zu lichten und zu ebnen, wobei etwa zehn Bäume stehen bleiben sollten, die wir mit Bändern markierten. Mit einer großen Planierraupe dauerte das Ausreißen der Bäume und das Planieren der Fläche zwei Tage. Die Arbeit war an einem Freitag beendet, und Tim kam an jenem Abend vorbei, um seine Planierraupe abzuholen.

Ich war auf einer Versammlung und Patti faulenzte draußen auf der rückwärtigen Veranda in der Gesellschaft von Little Bit. Plötzlich hörte sie jemanden rufen. »Hallo, da oben.« Es war Tim, der über die offene Fläche ging. Er hatte hochgeschaut und Patti und einen großen Bären gesehen, der fast dreimal so groß war, wie sie selbst. Sie winkte zurück.

»Ist das Little Bit?«, fragte er.

Sie nickte bejahend. »Ganz schön groß, der Bär«, war sein Kommentar. »Bist du da draußen allein mit ihm?« Wieder nickte sie. Little Bit wurde jedoch langsam unruhig. Sie verlagerte ihr enormes Gewicht und versuchte, sich hinter Pattis 54-Kilogramm-Statur zu verstecken.

Tim startete seine Planierraupe, und sie schepperte über Schiefer und Steine. Little Bit versuchte, sich noch weiter zusammenzudrängen, um sich vollständig hinter Pattis Rücken zu verbergen. Sie hatte die Veränderung in der Umgebung überraschend gut aufgenommen, aber der laute Bulldozer versetzte sie in Angst und Schrecken.

Was vorher ein dichter Wald gewesen war, kreuz und quer von Bärentunneln durchzogen, zeigte sich nun als eine offene, mit Steinen bedeckte Fläche. Wir fragten uns, wie die anderen

Bären die Veränderung aufnehmen würden. Wir mussten nicht lange warten, um es herauszufinden. Noch an demselben Abend kam ein junges Männchen aus den Wäldern, die Nase am Boden, und legte fast die Hälfte der Strecke auf offener Fläche zurück, bevor er aufschaute und entdeckte, was geschehen war. Er stutzte, drehte sich um und rannte zurück in den sicheren Wald. Da hatten wir den ersten verwirrten Bären.

Nachdem wir bemerkt hatten, dass unsere offene Fläche zu etwa 95 Prozent aus Steinen und zu 5 Prozent aus Erde bestand, baten wir Tim, noch 25 Ladungen Erde zu bringen und zu verteilen. Am 1. September säten wir Rasen und bedeckten die Samen gerade noch rechtzeitig mit Stroh, damit sie von einem willkommenen Regen profitieren konnten, der sie schön einweichte. Das Wetter war weiterhin warm, und um Mitte September hatten wir ein wunderschönes Feld aus hellem, frischem Grün, das zwischen dem Stroh hervorspross.

Zu unserem Erstaunen kam es nie zu dem Chaos, mit dem wir gerechnet hatten, wenn die Bären das offene Gelände entdeckten. Sie wagten sich vorsichtig hervor, spielten aber schon bald sorglos im Gras. Wir streuten Korn in eine Ecke des neu gesäten Rasenstücks hinter dem Haus, und hatten sofort Abnehmer jeder Art. Ein Schwarm Stockenten stieß herab und beschloss, so lange zu bleiben, bis im November alles zufror. Unsere kleine Rotwildherde fand das Korn und kam hurtig herbei. Sie tummelten sich dort, bis der Schnee den Boden bedeckte, und verweilten auch dann noch. Dieses wunderbare Naturschauspiel war ein unerwartetes zusätzliches Geschenk.

Und das alles wegen eines Rasenmähtraktors.

Waldspaziergang mit einem Bären

Es war nur ein Waldspaziergang, jedoch einer der ganz besonderen Art, denn ich befand mich in Begleitung von Little Bit. Als die Zeit des Winterschlafs nahte, war sie während der goldenen Septembertage schwer und langsam geworden.

An jenem Tag erschien sie nach dem Mittagessen mit einer erdverschmierten Schnauze am Haus. »Sieht so aus, als hätte sie an ihrer Höhle gearbeitet«, sagte Patti. »Es könnte eine gute Gelegenheit sein, herauszufinden, ob sie uns mitnimmt.«

Patti hatte gerade mühevoll ihren sehr unregelmäßigen Blutdruck wieder unter Kontrolle gebracht, und so riet ich ihr eindringlich von der vermutlich strammen Wanderung durch unwegsames Gebiet ab. Doch als Little Bit sich später am Nachmittag nach einem langen Besuch auf den Weg machte, folgte ich ihr dicht auf den Fersen. Wir spazierten über den neuen Rasen hinunter zum Bach und überquerten ihn auf den darin liegenden größeren Steinen. Auf der anderen Seite lag im tiefen Schatten ein steiler Berg, wo sich Mischwald in felsigen Spalten mühsam an den kargen Boden klammerte.

Für mich war es eine anstrengende Kletterpartie, ich griff zuerst nach einem Felsen, dann nach einem Baumstamm, dann nach einem weiteren Felsen. Little Bit eilte wie eine Bergziege hinauf und war bald über den Kamm und aus meinem Blickfeld verschwunden. Unter starkem Keuchen erreichte ich den Bergkamm und blickte nach vorn in die Strahlen der tief stehenden Sonne, die durch das dichte Unterholz glitzerten. Nichts schien sich zu bewegen. Hatte ich sie bereits verloren?

Ich setzte meinen Weg fort auf einer schwachen Spur durch tiefes Gras. Plötzlich war sie direkt vor mir, stand dort ruhig im Schatten und schaute zu mir zurück. »Kann ich mit dir kommen, Little Bit?«, fragte ich. »Ich werde dir nicht in die Quere kommen.«

Sie wandte sich ab und setzte sich den Pfad hinunter in Bewegung, der bald auf eine offenere Wiese führte, die mit Gras und niedrigen Büschen bewachsen war. Sie hielt inne, um an einer bestimmten Ranke zu knabbern, zog einen langen Zweig mit Blättern durch die Schnauze und kaute auf ihnen herum. Ich wartete in ungefähr sechs Metern Entfernung und versuchte, unauffällig zu bleiben, was mir aber nicht gelang, da Little Bit sich weiterhin nach mir umschaute, während sie knabberte.

Wir gingen wieder weiter über die Wiese und durch den Wald nach Westen. Das Tempo war für sie langsam und angenehm, doch ich musste mich anstrengen, um folgen zu können, wenn wir über Baumfallen und um Baumstümpfe herumstiegen.

Es war ein perfekter Tag, so frisch wie ein gerade gepflückter Apfel, das Sonnenlicht fiel auf Blätter, die sich bereits goldgelb färbten. Was für ein unglaubliches Abenteuer, dachte ich, mit einem wilden Bären durch sein Gebiet zu spazieren.

Vor uns lag ein scheinbar undurchdringliches Dickicht aus Erlen und Erlenweiden. Little Bit verschwand darin, und ich versuchte aufzupassen, welchen Weg sie eingeschlagen hatte. Ich konnte nichts sehen, bis ich mich hinkauerte und unter dem dichten Laub hindurchsah. Dann sah ich etwas, was wie ein schmaler Tunnel wirkte. Zuerst war ich erstaunt, dass sie sich durch einen derart niedrigen und schmalen Gang einen Weg bahnen konnte, aber sie war nirgends zu sehen. Ich stand verwundert auf und beschloss, auf die andere Seite des Tunnels zu gehen in der Hoffnung, weiter vorn wieder auf sie zu stoßen. Der Boden war feucht, als ich mich durch das ineinander verflochtene Gebüsch vorankämpfte. Ich wusste nicht, wo sie war, aber für sie war es bestimmt keine Schwierigkeit, mich durch das Krachen und Schlagen der Äste ausfindig zu machen. Ich sortierte den Wald neu.

Ich habe sie endgültig verloren, dachte ich. Der Lärm allein wird sie vertreiben. Ich kroch aus dem dichten Unterholz hervor und ging zum Tunnel zurück, um nach der Spur eines Pfades zu suchen. Ich hatte viele Jahre mit dem Studium von Rotwildpfaden verbracht, aber Bärenpfade waren anders. Sie gleichen entweder einer Autobahn oder sind geradezu unsichtbar.

Nachdem ich etwa 45 Meter weitergelaufen war, hielt ich lauschend inne in der Hoffnung eine Bewegung oder einen Laut wahrzunehmen. Nichts. Eine Biene summte hinter mir, und einige Frösche stimmten in weiter Entfernung ihr Abendkonzert an. Nun gut, solange der Spaziergang angedauert hatte, war er schön gewesen, dachte ich und beschloss, noch einmal 90 Meter weiter in Richtung Westen zu gehen, ein letzter Versuch, sie doch noch einmal einzuholen.

Zu meinem großen Schreck rannte ich sie fast um, bevor ich sie dort stehen sah, auf meinem Weg; sie aß apfelartige Früchte von einem Strauch, während sie mein Näherkommen beobachtete. Ich weiß nicht, ob sie auf mich wartete, oder ob sie einfach nur eine bevorzugte Speise an einem angenehmen Ort gefunden hatte, aber dort stand sie vor mir.

Zum Schutz gegen die im Westen untergehende Sonne hob ich meine Hand an die Stirn und beobachtete Little Bit, wie sie sich mit ihren Lippen eine Frucht pflückte, dann brach sie erneut auf. Wir kamen auf eine Lichtung mit alten Weymouthskiefern, die einen Durchmesser von etwa 90 bis 120 Zentimetern hatten. Es war nur ein kleines Gebiet, aber es hatte die Atmosphäre einer großen, düsteren Kathedrale. Little Bit und ich gingen in der Stille über den schattigen Waldboden mit seiner dichten Nadeldecke. Wir waren mehr als anderthalb Kilometer gelaufen, und ich fragte mich, wohin sie mich führen würde.

Als wir unter einem Baldachin großer Kiefern hervortraten, hielt die Bärin inne und schnüffelte in der leichten Brise. Dann wandte sie sich nach rechts Richtung Norden und schlug ein stetiges Tempo an. Ich fiel mit der Zeit weiter zurück, behielt sie aber in Sichtweite. Sie machte auf einem Hügel Halt, und ich blieb ebenfalls stehen, um eine Verschnaufpause einzulegen.

Sie schien den Blick nach links zu richten. Dann sah ich, was ihre Aufmerksamkeit erregt hatte. Es war ein anderer Bär, der praktisch genauso aussah wie sie und auf sie zuging. Da ich in Windrichtung stand und vielleicht gut 35 Meter entfernt war, hatte der andere Bär mich nicht bemerkt. Er bewegte sich stetig auf sie zu; und als er oben bei ihr ankam, schienen sich ihre Schnauzen zu berühren.

Little Bit schaute zurück den Hügel hinunter und der andere Bär folgte ihrem Blick. Obwohl Bären für ihre schlechten Augen bekannt sind, entdeckte Little Bits Gefährte etwas Ungewöhnliches an meiner Silhouette und stieß die Luft laut durch seine Nüstern aus. Das schien Little Bit zu beunruhigen, die sich rasch von ihm entfernte. Er schnaubte und keuchte in Richtung meiner lautlosen Gestalt, wurde dann aufgeregter und trabte den Hügel hinauf, wobei er noch einmal innehielt und erneut in meine Richtung schaute, bevor er über den Berg verschwand.

Ich sah mich um, und Little Bit war verschwunden. In der Zeit, die ich den anderen Bären beobachtet hatte, war sie verschwunden. Ich ging den Hügel hinauf und war mir sicher, sie jeden Moment zu sehen. Wie konnte ein großer, sich langsam bewegender Bär einfach verschwinden? Aber sie war fort. Ich ging zum höchsten Punkt des Hügels und schaute in alle Richtungen. Nichts. Kein einziger Bär in Sicht.

Ich bog nach Nordwesten ab. Es schien mir die vernünftigste Richtung zu sein, die sie eingeschlagen haben konnte, doch von ihr war nichts zu sehen und nichts zu hören. Ich schüttelte ungläubig den Kopf, dann machte ich mich daran, den Heimweg anzutreten. Es dauerte eine weitere Stunde, bis ich im Zickzack zurück zum Fluss gelangte, dann wieder den Fluss entlang zu unserem Haus, wo das Abendbrot wartete und ich Patti mein Erlebnis berichten konnte.

Wir wollten gerade mit dem Abendessen beginnen, als ein vertrautes Gesicht durch die Schiebetür schaute. »Wo warst du nur, du Trottel?«, fragte ich frustriert mit lauter Stimme. Es ist ein Wunder, dass Little Bit nicht früher als ich zu Hause angekommen war.

Am nächsten Morgen wusch Patti mehrere Waschmaschinenladungen und hängte sie draußen auf die Leine. Es versprach wieder ein herrlicher und sonniger Tag zu werden. Nach einer Weile bemerkte sie, dass zwei der Katzen, Caesar und Einstein, auf dem Esszimmertisch saßen und aus dem Fenster in Richtung der Wäscheleine schauten.

Zu Anfang schenkte sie dem keine Beachtung. Doch als die Katzen weiterhin aufmerksam schauten, warf auch sie einen Blick hinaus. »Ich sehe nichts«, sagte sie zu ihnen. »Was beobachtet ihr denn da so gespannt?«

Am Nachmittag ging sie nach der Wäsche schauen, und holte die trockenen Sachen herein. Als sie gerade einige Teile abnehmen wollte, bemerkte sie eine Lücke zwischen den Wäschestücken, wo offensichtlich etwas fehlte. Sie überlegte kurz und wusste dann, was fehlte: Der rosa Bademantel war verschwunden. Er war kuschelig und bequem. Ihr Lieblingsstück.

Die Wäscheleine verlief in der Nähe des Waldes, also ging sie hinüber und sah sich dort um. Dann kam sie ins Haus und rief mich hinaus. »Jemand hat meinen rosa Bademantel abgenommen und ich will ihn wieder finden. Such du in dieser Richtung, ich versuche es dort drüben.«

Wir trennten uns, und ich ging in den Wald, wo ich mehrere Minuten lang suchte, bevor ich aufgab und zum Rasen zurückkehrte. Etwas später tauchte Patti auf der anderen Seite des Geländes auf und hielt den Bademantel in der Hand. »Ich werde den Bären verprügeln«, sagte sie und erklärte, dass einer den Bademantel von der Leine gezogen, ihn in den Wald geschleppt hatte und als weiche Unterlage für seine Ruhestätte im hohen Gras benutzt hatte. Wer auch immer der Missetäter war, er hatte einen kleinen Flaum aus schwarzem Fell als Beweismaterial zurückgelassen.

»Hat er noch mehr Schaden gelitten?«, erkundigte ich mich.

»Nein, ich denke ich kann froh sein, dass er noch heil ist.«

Sie nahm den Bademantel mit hinein und wusch ihn noch einmal. Als sie ihn aufhängte, befestigte sie ihn mit vier Wäscheklammern an der Leine. In der nächsten Stunde machte sie zweimal einen Kontrollgang. Zweimal hing er noch dort. Das dritte Mal hing er immer noch dort, ebenso das vierte Mal. Vielleicht, dachte sie, war die Idee, ihren Bademantel als Unterlage zu nutzen, in Vergessenheit geraten.

Nach einer Weile ging sie hinaus, um die letzte Wäscheladung abzunehmen, die nun trocken sein musste. Der Bademantel war verschwunden. »Oh, nein, nicht schon wieder«, klagte sie.

Durch die offenen Fenster hörte ich sie deutlich und eilte gerade noch rechtzeitig genug hinaus, um sie schnurstracks auf den Punkt zusteuern zu sehen, wo sich die Ruhestätten befanden. Dieses Mal ertappte sie den Täter auf frischer Tat.

»Schäm dich, Little Bit. Das ist mein Bademantel, nicht deiner«, sagte sie. Little Bit war nun aufgestanden und zog sich von ihrem rosa ausstaffierten Lager zurück.

Ich stieß auf Patti, die nun wieder mit ihrem Bademantel in der Hand auftauchte. »Little Bit?«, fragte ich.

Sie nickte. »Wer sonst? Zumindest scheint sie ihn nicht beschädigt zu haben.« Nachdem er an jenem Tag zum dritten Mal gewaschen war, wurde der pelzige Mantel – der sich noch in gutem Zustand befand – in den Trockner im Souterrain gesteckt.

Am Abend desselben Tages waren wir auf der Veranda und fütterten Backenhörnchen. Unser Freund Chester war da und zankte sich mit seinen Cousins, während er sich die Backen voller Nüsse stopfte. Little Bit erschien und kletterte schwerfällig die Treppen zur Veranda hinauf. Sie schritt unversehens durch die herumwirbelnden Backenhörnchen hindurch, ohne ihnen Beachtung zu schenken, und steuerte direkt auf Patti zu, die für sie einen kleinen Berg Mandeln auf der Bank aufhäufte.

Little Bit ignorierte die Mandeln und stupste mit der Schnauze an Pattis Hand, so wie sie es häufig tat, wenn sie von Hand gefüttert werden wollte. Manchmal fraß sie sie partout nicht anders, und heute war so ein Tag.

Patti nahm die Mandeln, die sie auf der Bank aufgehäuft hatte. Infolge ihres sehr niedrigen Blutdrucks wurde ihr schwindlig, ihre Hand zitterte. Little Bit sah ihre zitternde Hand und reagierte völlig unerwartet. Sie hob ihre große Tatze, legte sie hohl unter Pattis Hand und hielt ihre Hand dadurch praktisch ruhig, während sie die Mandeln sanft mit ihrer Schnauze aufnahm.

Little Bit hilft dabei, Pattis Hand ruhig zu halten.

Patti sagte nichts, aber sie verstand, und ihre Augen füllten sich mit Tränen. Sie kraulte den Nacken der großen Bärin und wandte sich ab. Es war ein besonderer Augenblick, ein Augenblick, den wir nie hatten voraussehen können und den wir nie vergessen würden.

Chester war eines einer ganzen Horde von zwölf oder mehr Backenhörnchen, die sich auf oder unter unserer rückwärtigen Veranda niedergelassen hatten. Im Herbst brach bei ihnen stets der Fresswahn aus und sie machten sich gegenseitig jeden Sonnenblumenkern streitig und alles andere, was wir ihnen hinstellten.

Patti meinte, sie erinnerten sie an Autoscooter auf dem Jahrmarkt, die in alle Richtungen auseinander stoben. Sie machten sich bis zur Ecke der Veranda davon, fielen drei Meter in die

Tiefe, rappelten sich auf, entstaubten sich und stürzten sich erneut wieder direkt in die Schlacht. Sie schienen manchmal absolut nicht unterzukriegen zu sein.

Chester war daran gewöhnt, zu uns angeflitzt zu kommen, sich auf seinen Hinterbeinen vor uns aufzupflanzen und zu betteln. An einem Tag war er etwas durcheinander geraten und meinte, Little Bit könne ihm ebenfalls Nüsse geben, wenn er bei ihr bettelte. Er stand vor ihr. Sie ignorierte ihn. Er kletterte auf das Fell ihres Vorderbeins. Sie schüttelte sich und er fiel hinunter. Er ließ nicht locker, bis ihr seine Bettelei auf die Nerven ging. Schließlich hob Little Bit eine Tatze und ließ sie »platsch« auf die Veranda sausen. Einzig der stoppelige Schwanz von Chester schaute nun noch unter ihren Krallen hervor. Wir waren uns ziemlich sicher, dass nun der Vorhang für Chester gefallen war. Aus und vorbei. Doch als Little Bit ihre Tatze hob, schnellte Chester wie ein Stehaufmännchen hervor und huschte davon. Er war nicht einmal verletzt.

Mein Waldspaziergang mit Little Bit bestärkte uns in dem Entschluss, in jenem Herbst wenigstens ein Winterquartier der Bären zu finden. Die Berge und Felsen zu beiden Seiten des Baches schienen uns am viel versprechendsten und wir konzentrierten unsere Bemühungen deshalb auf diesen Bereich. Einen Sonntag lang verbrachten wir ausschließlich mit dem Durchstreifen dieses Gebietes auf der Suche nach Verstecken für den Winterschlaf der Bären. Wir fanden Ruhelager entlang des Baches und einige Anzeichen von Bärenleben, doch nichts glich einem Versteck für den Winter, obwohl wir in jeden Spalt und unter jede Baumfalle schauten. Unsere früheren Überlegungen kehrten zurück; diese Bären konnten viele Kilometer von unserem Haus entfernt überwintern, und in diesem Fall wären wir außer Stande, jemals eines ihrer Verstecke zu finden. Zum ersten Mal wünschte ich mir eine Art von Spurenhinweis, damit wir sie in ihren Verstecken lokalisieren konnten.

Fast jeder glaubt, dass Bären ihren Winterschlaf in Höhlen halten, oder unter den Wurzeln von Bäumen. Doch das ist nicht immer so. Manchmal verkriechen sie sich im Unterholz oder unter Baumfallen. Gelegentlich bevorzugen sie Schlafplätze auf offener Fläche. Bärenforscher sagen, dass ein großer Bär so viel Hitze abgibt, dass er nicht bequem schlafen kann, solange er in einer Höhle ist oder sich in einer anderen Art von geschütztem Raum befindet. Deshalb legt er sich einfach auf den Boden und schläft ein. Schließlich bedeckt ihn der Schnee. Durch seine Körperwärme schmilzt der Schnee unmittelbar um ihn herum, und auf diese Weise entsteht eine Schneehöhle.

Da sie keine Jungen hatten, die sie jedes Mal durch ihr Drängeln und Schubsen wieder aufweckten, wenn sie müde wurden, waren sowohl Little Bit als auch Big Mama am 22. September in ihre Verstecke verschwunden. Menschen, die sich mit Bären nicht auskannten, wollten nicht glauben, dass die Bären bereits schliefen. »Es ist doch noch schön draußen. Es hat noch gar nicht geschneit«, sagten sie.

Es kursiert ein altes Ammenmärchen in Minnesota, dem häufig Glauben geschenkt wird und das besagt, dass Bären nicht vor dem ersten kräftigen Schneefall ihren Winterschlaf antreten, nicht bevor der Schnee ihre Spuren verwischt, sodass sie sich in Sicherheit wiegen können. Das hörte sich für mich plausibel an. Sehr logisch. Ich glaubte daran und gab es sogar an Patti weiter.

Scheinbar glaubte die Verwaltung im Kongressgebäude ebenfalls daran, als sie erstmals die Eröffnung der Bärenjagdsaison auf den 15. September verschob. In jenem Jahr hatten sich die meisten Bären zu diesem Zeitpunkt bereits zur Winterruhe zurückgezogen, und die Saison wurde ein Reinfall. Die Bürokraten brauchten erst einmal eine Weile, bis sie herausfanden, woran das lag, und setzten die Eröffnung der Saison wieder auf den 1. September fest.

In jenem Monat, als die Bären sich zum Winterschlaf aufmachten, veröffentlichten wir das Farbfoto von Little Bit und mir, auf dem wir zusammen auf der Veranda sitzen. Patti hatte das Foto aufgenommen; es trug die Bildunterschrift »Unterhaltung mit einem Bären«. Sofort bekamen wir Anrufe von begeisterten Leuten, die einen Abzug von dem Foto kaufen wollten, um es ihren Freunden zu zeigen. Einige fragten sich, ob der Bär zahm war oder ob das Foto in irgendeiner Weise manipuliert worden war.

Das Foto überzeugte auch eine Reihe früherer Skeptiker davon, dass wir wirklich Erfahrung im Umgang mit Bären hatten. »Donnerwetter, das war ein Foto«, meinte einer meiner Onkel einige Wochen später. »Ich wusste, dass ihr diese Bären bei euch in der Nähe habt, aber ich wusste nicht, dass sie euch so nahe kommen.« Ich lächelte. Wenn er Patti sehen würde, wie sie Little Bit umarmte, oder wie sie mit den Jungen von Big Mama spielte, es hätte ihm einen richtigen Schock versetzt.

Nachdem das Foto erschienen war, kamen ein paar Leser vorbei und erzählten uns ihre Bärengeschichten. Eine Dame sagte, sie wolle nicht, dass jemand davon erführe, aber sie hatte den ganzen Sommer ein verwaistes Bärenjunges oben am Poplar Lake gefüttert. »Wir haben nie mit jemandem darüber gesprochen«, enthüllte sie flüsternd, »aber wir wussten, dass Sie uns verstehen würden.«

Wir hörten drei oder vier ähnliche Geschichten und dann die Befürchtung, dass Ende September etwas Schreckliches passiert sein musste. Die jungen Bären waren wie vom Erdboden verschluckt.

Unterhaltung mit einem Bären – das berühmte Foto, das wir in die Zeitung setzten.

Wir erklärten, dass die Bären wahrscheinlich schon für den Winterschlaf bereit waren. »So früh?«, war dann die Frage.

Oh, ja, versicherten wir ihnen. Gut genährte Bären machen sich recht früh zum Winterschlaf auf, mit Sicherheit Ende September. Nur einige wenige bleiben bis Oktober.

Eine Dame rief uns aus Finland, Minnesota, an, eine kleine Gemeinde knapp 100 Kilometer im Westen gelegen. Sie hatte gehört, dass wir uns mit Bären auskannten und fragte sich, ob wir vorbeikommen und einen Jährling abholen könnten, der sich seit einigen Wochen in der Nähe ihres Hauses aufhielt. Sie machte sich Sorgen, dass er nicht über den Winter kommen würde.

»Geben Sie ihm irgendetwas zu fressen?«

»Das würde ich tun, wenn ich wüsste, was ich ihm geben sollte«, sagte sie. »Aber Sie wissen bestimmt besser, was zu tun ist.«

Ich riet ihr zu Sonnenblumenkernen und wünschte ihr alles Gute, wobei ich erklärte, dass wir keine Transportmöglichkeit für einen lebendigen einjährigen Bären hatten. Ich versicherte ihr außerdem, dass ein gesunder, wohlgenährter Jährling wahrscheinlich ohne jede zusätzliche Hilfe von uns gut über den Winter käme.

Eine verspätete Heimkehr – Frühling 1995

Im Frühling 1995 machte sich unter den Einwohnern des County die Vorfreude auf die Rückkehr der Bären immer stärker bemerkbar. Als der Schnee Mitte April am Lake Superior schmolz, überhäuften uns die Menschen, die wir trafen, mit Fragen nach Little Bit. War sie schon zurückgekehrt? Würde sie Junge dabeihaben? Wann würde sie eintreffen? Wäre es möglich vorbeizuschauen, um sie zu sehen?

Ihnen und anderen Interessensbekundungen begegneten Patti und ich wie stolze Großeltern, die gleich ein paar Fotos hervorzauberten und begannen, Geschichten zu erzählen. Es gab Zeiten, da musste ich mir kopfschüttelnd in Erinnerung rufen, dass wir eine Zeitungsredaktion und kein Bäreninformationszentrum waren.

In diesem Frühling warteten wir lange auf die Bären. In den Wäldern war der Schnee Ende April geschmolzen. Das Eis verschwand von den Seen. Die ersten Angler kamen und gingen. Die Enten schlugen sich um das Korn. Wir hatten Mitte Mai, und es war immer noch kein Bär in Sicht.

Unsere angstvolle Unruhe wurde durch wohlmeinende Bärenenthusiasten, die immer wieder vorbeischauten, verstärkt. Was? Sie sind noch nicht zurück? Glauben Sie, dass sie getötet wurden? Haben sie den Winter möglicherweise nicht überlebt? Was könnte passiert sein? Offensichtlich wussten wir nicht was passiert war, wenn etwas passiert war. Also warteten wir gespannt, beteten für ihre Sicherheit und hofften, dass wir sie bald wieder sehen würden.

Der Heldengedenktag am letzten Montag im Mai verging, und eines Abends ging ich ins Wohnzimmer, wo ich Patti fand, wie sie allein dasaß und mit Tränen in den Augen aus dem Fenster schaute. »Tut mir Leid«, sagte sie. »Ich weiß einfach nicht, was ich machen soll. Was ist, wenn sie nicht zurückkommen? Was ist, wenn etwas passiert ist?«

»Wir wissen nicht, ob irgendetwas nicht stimmt«, erwiderte ich. »Unsere Ängste zerren einfach an unseren Nerven. Sie waren auch früher schon so spät dran. Es gibt zum jetzigen Zeitpunkt noch keinen Grund zur Beunruhigung.« Ich versuchte sie zu beruhigen, doch ich fühlte dieselbe Besorgnis in mir. Es waren wilde Tiere. Es gab viele Gefahren dort draußen, wobei die Gewehrschüsse, die ich fast jeden Tag hörte, nicht die kleinste waren.

»Warten wir noch ein paar Tage ab«, schlug ich vor. »Wenn sie dann nicht auftauchen, gehen wir hinaus und fragen in der Gegend herum.« Sie nickte zustimmend und rieb sich die Augen.

Wir warteten. Bei jedem Laut rannten wir zur Hintertür und schauten hinaus. Jedes Mal ging ich von Zimmer zu Zimmer, kontrollierte die Auffahrt und den vorderen Hof. Glücklicherweise gab es für uns auch in der Redaktion einiges zu tun. Das Ende des Monats war besonders für Patti sehr arbeitsintensiv, und die Anzahl der Seiten der Zeitung erhöhte sich ab Ende Mai bis zu den Sommerferien.

Dann, in der Nacht des 29. Mai, nachdem wir das Licht gelöscht hatten und zu Bett gegangen waren, hörten wir ein schwaches Geräusch, das von draußen irgendwo hinter dem Haus kam. »Was ist das?«, fragte ich. Patti antwortete, indem sie die Bettdecke zurückwarf und aufstand. Ich folgte ihr umgehend. Was wir hörten, war ein Junges mit Kehlkopfentzündung, das von einem Baumwipfel aus schrie. Wir eilten die Treppe hinunter, und tatsächlich, da stand Big Mama schielend und flachnasig allein auf der Veranda. Wir gingen hinaus, um den leeren Kasten mit Sonnenblumenkernen zu füllen, und sie ließ sich zum Fressen nieder. Das Junge war nun still.

»Ist das dein Junges oben auf dem Baum?«, fragte Patti die Bärin. Big Mama schaute sie an und dann hinauf zum Baum fast so, als würde sie verstehen. Wir richteten die Taschenlampe in die Blätter der alten Weißfichte, konnten aber das winzige Junge nicht entdecken. Wir dachten damals, es sei allein. Obwohl wir ein paar Stunden länger aufblieben für den Fall, dass das heisere Junge auf die Veranda kommen sollte, geschah nichts. Big Mama fraß ruhig vor sich hin.

In der nächsten Nacht war Big Mama erneut mit ihrem quäkenden Jungen da. Dieses Mal, als wir die Lichter anknipsten, um die rückwärtige Veranda zu erleuchten, sahen wir, wie das Junge zurück in die Dunkelheit huschte. Wir öffneten die Tür, um Big Mama zu begrüßen und hörten das Junge auf einen nahe gelegenen Baum klettern. Später, als wir schlafen gegangen waren, setzte wieder das heisere Schreien des Jungen ein. Es schrie jedoch nicht lange, und uns hatte bald der Schlaf übermannt.

In der Redaktion kam am nächsten Tag ein Abonnent vorbei und fragte, ob Little Bit schon zurückgekommen sei. Wir verneinten, und er erzählte uns, dass er eine große Bärenmutter mit zwei Jungen an einer Nebenstraße hatte entlangwandern sehen. Er sagte, sie seien in Richtung unseres Hauses unterwegs gewesen, nicht mehr als ein paar Kilometer entfernt. Irgendwie schenkte ich dieser Geschichte nicht viel Glauben. Es konnte jede Bärenmutter gewesen sein, nicht notwendigerweise Little Bit.

Was konnte eine so vorsichtige Bärin wie sie an einer öffentlichen Straße suchen? Es machte für uns beide nicht besonders viel Sinn.

In jener Nacht kam kurz ein Bärenmännchen vorbei, aber das war auch alles. Immer noch kein Zeichen von Little Bit. Unsere Nerven lagen von all diesem falschen Alarm bereits völlig blank. Das Bärenmännchen kehrte in der folgenden Nacht zurück, doch bis dahin hatten wir zwei Abende lang nicht einmal Big Mama und ihr heiseres Junges gesehen. War es krank geworden und gestorben? Wir waren offensichtlich mit unserem Latein am Ende. Der 1. Juni stand vor der Tür und es war keine Little Bit in Sicht.

»Warten wir noch ein oder zwei Tage«, schlug ich vor. Obwohl ich Geduld predigte, hatte ich selbst keine Ruhe mehr.

Es war ein Knacken auf der Veranda zu hören, dann noch eines. »Hört sich an, als hätten wir einen Besucher«, sagte ich.

»Wahrscheinlich ist das junge Bärenmännchen zurückgekehrt«, vermutete Patti.

Ich vertiefte mich wieder in mein Buch, doch dann hörte ich so etwas, wie das Kratzen einer Tatze an der hinteren Glastür. »Also gut, ich schaue besser einmal nach«, sagte ich. Ich ging hinunter, schaltete die Deckenbeleuchtung ein und zog den wollenen Vorhang hoch. »Oh, mein Gott«, entfuhr es mir laut. Als ich Pattis Schritte oben hörte, stand ich da und schaute auf Little Bit und zwei langbeinige kleine Junge. Welch ein glücklicher Augenblick. Patti kam die Treppe heruntergelaufen. »Sie ist mit zwei Jungen zurück«, lachte ich.

»Gott sei Dank«, erwiderte sie und ging sofort in die Küche, wo sie einen Eimer Milch zubereitete.

Ich öffnete die Tür und Patti stellte die Milch und eine Hand voll Mandeln hinaus. Little Bit beugte sich vor und schlürfte die Milch, während ihre Jungen sich dicht an sie schmiegten und sich

Little Bit und ihre neuen Jungen überqueren das frisch bepflanzte Gelände.

zweifellos darüber wunderten, was für eine Art Geschöpfe wir waren.

Little Bit machte eine Bewegung, als wolle sie sich erheben, und die zwei kleinen schwarzen Jungen huschten über die Veranda, die Treppenstufen hinunter und flohen auf die alte Weißfichte. Sie beobachtete ihr Verschwinden, setzte sich dann hin, verschlang Milch, Sonnenblumenkerne und Mandeln.

»Welch ein Anblick für wunde Augen«, sagte ich in meiner Aufregung.

»Waow, hast du gesehen, wie sie parierten?«, staunte Patti. »Sie geht mit diesen Jungen um, als sei sie tatsächlich verantwortlich.«

Es ist schwer zu beschreiben, wie froh wir beide beim Anblick von Little Bit waren. Sie sah sehr gesund aus, nicht viel dünner als vor acht Monaten, als wir sie zum letzten Mal gesehen hatten. Sie agierte völlig entspannt. Ihre zwei buschigen Bündel hörten auf sie und folgten ihr auf dem Fuße. Eine wundervolle Veränderung im Vergleich zu den Zeiten mit Miracle im vorletzten Sommer.

All unsere ersten Eindrücke bestätigten sich früh am nächsten Morgen um 5.15 Uhr, als sie auf die Veranda zurückkehrte.

Patti hörte das vertraute Geräusch von Little Bits Tatze an der Glastür und sprang aus dem Bett. Die Bärin war allein, sie hatte ihre beiden Jungen auf einen Baum in der Nähe geschickt. Sie schien anteilig die gleiche Menge an Nahrung und Zuneigung zu verlangen. Es war genau wie in alten Zeiten. Der einzige Grund zur Besorgnis war der neue Weg, den sie einschlug, wenn sie uns verließ. Sie war stets vom Gelände hinter dem Haus oder über den Fluss in die Wälder zurückgekehrt. Nun verschwand sie über die Zufahrt, die zum befahrenen Gun Flint Trail führte.

Wir kamen zu dem Schluss, dass der Bericht des Mannes, der sie an einer Nebenstraße gesehen hatte, wahrscheinlich richtig gewesen war. Doch warum nahm sie plötzlich den Weg entlang von Straßen? Vor Autos hatte sie sich immer gefürchtet. Hatte sie ihre Furcht vor ihnen verloren? Warum mussten unsere Bären immer etwas Unerwartetes tun?

Doch die eigentliche Überraschung kam erst noch. Wir konnten lange Zeit nur die Köpfe schütteln und versuchen, passende Antworten auf unsere vielen Fragen zu finden, bis wir zu guter Letzt einfach akzeptieren mussten, dass es sich hier um eine weitere noch ungeklärte Besonderheit im Verhalten der Bären handelte. In jener Nacht, an meinem Geburtstag, kam Big Mama mit einem besonderen Geschenk zurück. Wir hörten sie um 21.45 Uhr auf der Veranda, und als wir Licht machten, sahen wir, dass sie allein war. Wir hörten das heisere Junge nicht, das sie früher bei sich gehabt hatte, und hatten sofort die Befürchtung, dass es möglicherweise krank war und gestorben sei.

Wir sahen Big Mama einige Minuten lang zu, wie sie sich hinsetzte und Sonnenblumenkerne kaute, dann gingen wir zum Fernsehen ins Gesellschaftszimmer. Während einer Werbepause ging ich in die Küche zurück, um mir noch etwas Eistee zu holen. Auf dem Weg dorthin warf ich einen Blick hinaus, um zu sehen, ob sie noch da war. Sie saß da und schaute hinunter, ich folgte ihrem Blick. Dann blieb ich wie angewurzelt stehen. Zwischen ihren Füßen wirbelten nicht ein oder zwei, sondern drei kleine winzige schwarze Junge herum.

»Ach du heiliger Strohsack!«, entfuhr es mir mehr aus einem Schock heraus. »Patti, komm hierher.«

»Du wirst es nicht glauben«, sagte ich, als sie um die Ecke ins Wohnzimmer kam. Ich zeigte zur Tür.

Sie schaute aus dem Fenster, nahm die Szene vor sich auf, öffnete dann die Tür und fragte: »Big Mama, sind all diese Jungen von dir? Wo habt ihr euch alle versteckt gehalten?« Ich nehme an, sie hätte gern eine Antwort gehabt und wandte sich direkt an die Quelle. Doch natürlich sprachen sie nicht. Sie waren viel zu beschäftigt, huschten hin und her, kullerten herum, kletterten und versteckten sich.

Ich stand einfach nur mit offenem Mund da und verstand nicht recht, wie Big Mama es geschafft hatte, ein quäkendes in drei ruhige Junge zu verwandeln. Nach ungefähr fünf Minuten, in denen zwei der Jungen von den Sonnenblumenkernen gekostet hatten, führte sie die Babys zur alten Weißfichte hinunter, scheuchte sie den Stamm hinauf und kam zurück, um noch etwas Zeit auf der Veranda zu verbringen. Mit den Jungen um sich herum war sie nervös gewesen, aber nun war sie entspannt genug, sich hinzulegen und ihre vorderen Tatzen unterzuschlagen, so wie es alle Bären machen, wenn sie bequem fressen.

Patti schaute mich an. »Bist du sicher, dass dies Big Mama ist?«

Ich nickte. »Derselbe Bär, den wir mit dem lauten Jungen hier hatten.«

»Und wo ist das laute Junge? Und woher hat sie diese drei hier?«

Ich schüttelte ratlos den Kopf und hatte nicht die leiseste Idee, was geschehen war. Alles was ich wusste, war, dass sie unerklärlicherweise drei ruhige, langbeinige, kleine schwarze Junge mit ausgesprochen buschigen Ohren hatte. Die Jungen befanden sich seit ungefähr 15 Minuten auf der alten Fichte, so lange bis sie von dem kehligen, metallenen Grunzen ihrer Mutter heruntergerufen wurden, als sie zu gehen beabsichtigte. Ruhig machte sich die Gruppe auf ihren Weg in den dunklen Wald.

Nachdem Big Mama und ihr Kindergarten verschwunden waren, machten wir uns unsere Gedanken über das geheimnisvolle Auftauchen der Jungen und stellten diverse Hypothesen auf. Theorie Nummer eins war, dass sie schon die ganze Zeit lang drei Junge gehabt hatte, aber versucht hatte, sie oben auf einem Baum zurückzulassen, bevor sie auf die Veranda kam. Eines der drei, krank oder ängstlich, hatte darauf bestanden, dicht in ihrer Nähe zu bleiben. Theorie Nummer zwei bestand darin, dass sie vier Junge geboren hatte, von denen eines sich erkältete. Es war gestorben und die anderen drei hatten überlebt und waren ihr am Abend des 2. Juni auf die Veranda gefolgt.

Beide dieser Theorien konnten des Rätsels Lösung sein, denn wir hatten einige Wochen zuvor eine Kaltwetterperiode mit Regen gehabt, genau das Wetter, das sehr kleine Junge für Krankheiten anfällig macht. Aber natürlich werden wir die Wahrheit

Winnie und Puh bei frühzeitigem Kälteeinbruch.

nie erfahren. Fürs Erste waren wir einfach zufrieden, sie mit drei gesunden kleinen Jungen zu sehen.

Die nächsten zehn Tage wurden zu einer Zeit der Annäherung zwischen uns und den Jungen von Little Bit, die uns kennen lernen konnten. Sie ermöglichte das problemlos. Sie kam während dieser Zeit zwei- bis viermal pro Tag vorbei. An einigen Tagen war es praktisch nur ein einziger langer Besuch, der nur durch kleine Nickerchen und das Säugen der Jungen unterbrochen wurde.

Wir begannen damit, uns hinauszusetzen und sie zu beobachten. Unsere Annahme bestätigte sich, dass eins der Jungen ein Junge und das andere ein Mädchen war. Es vergingen drei weitere Tage, und Patti fand Namen, die uns lustig erschienen und leicht zu merken waren. Der Junge hieß fortan Winnie, während das Mädchen Puh getauft wurde. Innerhalb von ungefähr sechs Wochen kannten sie ihre Namen und reagierten darauf, wie auch Little Bit. Wenn sie bei ihrem Namen gerufen wurde, kam sie in der Regel zu uns. Die Jungen folgten ihrem Beispiel, und wandten ihre Köpfe um, wenn ihre Namen gerufen wurden.

In ihrem Alter und bei ihrer Größe glichen die Jungen beweglichen Äffchen. Der Gedanke, dass sie zu großen Bären heranwachsen würden, erforderte eine Menge Phantasie. Oben in der alten Weißfichte, wo sie die meiste Zeit des Tages verbrachten, waren sie furchtlose Akrobaten, die sich von Ast zu Ast schwangen, wie auf einem Drahtseil über die dünnen, unebenen Flächen balancierten und in ungeschützter Lage vor sich hin dösten.

Es war bald offensichtlich, dass Winnie das größere und ehrgeizigere Junge war, eifrig darauf bedacht, Neues zu erproben und vertrauensvoller in unserer Nähe. Puh hielt sich vorsichtiger im Hintergrund und studierte ihre Möglichkeiten. Das war

Little Bit säugt Winnie und Puh.

typisch für jedes Paar Junge, das wir beobachtet hatten. Das Männchen war immer größer und dominanter.

Seit zwei Wochen hatte es nicht geregnet, und der Garten, wenn man ihn so nennen konnte, machte einen ausgedörrten Eindruck. Ich kaufte zwei neue Schläuche, die ich vom Haus zum Gartenstück in 60 Metern Entfernung auslegte, und begann mit der Bewässerung. Little Bit brachte ihre Jungen gern hinauf zu dem schattigen Platz neben dem Garten, wo sie mit ihnen spielte und sie säugte. An dem Tag, an dem ich den Schlauch kaufte, brachte sie sie zum Schlafen in die alte Hütte und hielt selbst daneben Wache. Doch ihr Sitzplatz wurde ihr zu langweilig, und bald entdeckte sie ihren Spaß am Spiel mit dem Wasserschlauch. Jedes Mal, wenn sie ein kleines Loch hineinbiss, bekam sie den Geschmack von eiskaltem Wasser. Bald hatte sie den neuen Schlauch in ein Sieb verwandelt und war selbst nasser als der Garten.

Als ich an jenem Nachmittag hinaufging, um den Rasensprenger umzustellen, bemerkte ich, dass der Wasserdruck sehr niedrig war. Zuerst dachte ich, es sei ein Knick im Schlauch, doch als ich ihn überprüfte, wurde ich nass. Ich schaute zu Little Bit, die hinüber in den Wald schlich und sich hinter einem Busch versteckte. Von dort konnte sie die Beobachtung aufnehmen, ohne selbst gesehen zu werden, so dachte sie in etwa. Zweifellos wusste sie genau, dass sie etwas angestellt hatte.

Ich reparierte das Schlauchsystem und nahm ein paar alte Schläuche und die neuen zu Hilfe, die noch in Ordnung waren. Dann wartete ich, bis sie fort war, und stellte das Wasser wieder an. Eine Stunde später war sie mit dem Schlauch in der Schnauze dort oben und amüsierte sich schon wieder.

Ohne Wasserschläuche musste der Garten den Überlebenskampf allein führen. Die Trockenheit hielt an, und die gesamte

Ernte war ohne Übertreibung mit Ausnahme des Rettichs ein elender Reinfall.

Als sie sahen, dass ihre Mutter sich in unserer Gegenwart entspannt und wohl fühlte, verloren die Jungen rasch ihre Scheu. Nach zehn Tagen hatte Patti so weit ihr Vertrauen erlangt, dass sie sie anfassen konnte. Sie hatte ihnen auch beigebracht, an heißen Tagen aus einem Eimer kalte Dosenmilch zu schlürfen, was sie mit all dem Charme schlabbernder kleiner Zweijähriger im Kinderstuhl taten. Mit ihren Tatzen in der Milch und den vorbeihuschenden Backenhörnchen hielten sie keinen Moment still. Der größte Teil der Milch landete auf ihrem Fell oder auf der Veranda und nicht in ihrer Schnauze.

Auch ohne den Schlauch als Spielzeug führte Little Bit ihre Jungen weiterhin zu dem schattigen Rasen neben dem Garten. Jeden Nachmittag, wenn die Temperaturen stiegen, gingen sie dort zum Spielen hinauf. Die Jungen balgten miteinander, dann

Little Bit spielt mit dem Schlauch im Garten.

legte sich Little Bit auf den Rücken und sie tobten und kletterten über sie hinweg und knabberten ihr an den Ohren. Sie knuffte sie sanft und sie fielen herab, um gleich wieder angeklettert zu kommen.

Nach einer Weile, als ihre Energie nachließ, zog sie sie zum Säugen an sich. Dann war die Zeit für ein Nickerchen gekommen, das entweder im Schutz der alten Hütte oder oben in den sanft wiegenden Zweigen der großen Weißfichte gehalten wurde, die das ganze Gebiet mit Schatten versorgte.

Es war herzerfrischend, Little Bit sowohl als Mutter wie auch als Spielgefährtin ihrer Jungen zu beobachten. Die Tage waren warm und trocken und sie schienen das anzukündigen, was ein perfekter und zauberhafter Sommer werden würde. Doch das war vor dem Ausbruch der Waldbrände.

Feuer im Wald

Seit der kalten Regenperiode Mitte Mai war kein nennenswerter Niederschlag mehr gefallen, sodass wir mit unserem frisch gesäten Rasen hinter dem Haus bald Schwierigkeiten bekamen. Schließlich fuhr ich an einem Samstagmorgen hinunter zu Buck's Hardware Store und kaufte eine Pumpe, mit deren Hilfe wir das Wasser aus dem Bach für unseren Rasensprenger nutzen konnten. Der Aufbau des neuen Bewässerungssystems und das Sprengen der großen Rasenflächen nahm den ganzen Tag in Anspruch.

Am selben Tag brachen die ersten Waldbrände aus. Zwei von ihnen wurden 16 Kilometer nordwestlich von uns durch Blitzschläge verursacht. Ein unbesonnener Raucher hatte ein weiteres Feuer in der Nähe des Poplar Lake entfacht. Am Ende des Tages war überall von acht Waldbränden in unserem County die Rede.

Mitte bis Ende der Achtzigerjahre hatten Knospenwürmer Millionen von Fichten und Balsampappeln vernichtet. Sie fielen um und verrotteten mit der Zeit und füllten die Wälder mit zusätzlichem Brennstoff an. Trockenes, heißes Wetter besorgte den Rest. Eine explosive Situation war entstanden.

Obwohl sich die Öffentlichkeit der Gefahr nicht bewusst war, hatte die Forstaufsichtsbehörde vor mehreren Tagen damit begonnen, Feuerwehrmannschaften zum Gun Flint Trail zu schicken. Nun wurden auch noch Spezialteams von der Westküste angefordert, um unsere eigenen Feuerwehrteams zu verstärken. Bis Montag waren bis auf zwei alle Waldbrände gelöscht, doch jene zwei, die in wilden Naturgebieten tobten, hatten jeweils mehr als 4000 Quadratkilometer vernichtet. Eine Einsatzkommandozentrale wurde eingerichtet, 350 Feuerwehrmänner kamen und der Brand wurde mit vereinten Kräften bekämpft.

Am Mittwoch wachten Patti und ich auf und bemerkten, dass ein leichter Rauchdunst über den Wäldern um das Haus herum lag. Brandgeruch hing in der Luft. Ich hatte am Tag zuvor mit der Einsatzleitung gesprochen, die bestätigte, dass die Mannschaften in dem unwegsamen und isolierten Gelände einen harten Kampf ausfochten. Die Brände tobten in etwa 16 Kilometern Entfernung und breiteten sich langsam in unsere Richtung aus.

Wir packten unsere Fotoausrüstung in den Geländewagen und machten uns auf den Weg, um uns die Sache aus der Nähe anzuschauen. Als wir den Gun Flint Trail acht Kilometer weit hinaufgefahren waren, gerieten wir in eine dichte Rauchwolke, die unsere Sicht auf knapp 100 Meter beschränkte. Scheinbar hatte der Wind etwas mehr nach Westen gedreht. Wir bogen nach Westen in die South Brule Road ab und kamen an einem der Spezialteams aus Idaho vorbei; schmutzig und mit rot geränderten Augen waren sie samt ihrer Ausrüstung an einem Graben entlang aufgestellt. Ein großer Helikopter mit Doppelpropeller war auf einer rauchverhüllten Wiese gelandet und lud ein neues Team zur Brandbekämpfung ab, dessen feuerhemmende Nomex-Anzüge noch blitzsauber waren.

Wir fuhren bis zur Gabelung der Straße. Das Feuer lag anderthalb Kilometer vor uns. Zwei Planierraupen ebneten eine Feuerlinie entlang der Straße. Wir hielten an und sprachen mit einem der Unternehmer und mit einem Ausrüster, der seine letzten

Kanuboote geliefert hatte, damit das Feuer über das Wasser schneller erreicht werden konnte. Sie erzählten uns, dass die beiden Brände zusammengewachsen waren und nun eine Fläche von knapp 25 000 Quadratkilometern bedeckten, wobei sie sich nach Nordwesten ausbreiteten. Sie hatten alles getan, was sie tun konnten. Die eigentliche Bekämpfung fand tief in den rauchgefüllten Wäldern statt, wo sich das Feuer immer noch weiter ausdehnte.

Wir drehten in Richtung Norden und fuhren zurück, hinaus aus den dicksten Rauchschwaden, dorthin, wo wir wieder kräftig durchatmen konnten. Als wir uns der nördlichen Gabelung des Brule näherten, bot sich uns der vielleicht ungewöhnlichste Anblick in all unseren Jahren dort: zwei Pumajunge spielten auf einem Felsvorsprung gleich am Rande der Kiesstraße.

»Hast du das gesehen?«, fragte ich, als wir vorbeifuhren.

Patti nickte bejahend. »Ich kann es kaum glauben. Noch vor wenigen Jahren sagten die Leute, dass in dieser Gegend keine Pumas leben.«

Wir fuhren langsamer, hielten und fuhren durch den Kiesstaub zu dem Vorsprung am Rande der Straße zurück, wo die Jungen gespielt hatten, aber sie waren nicht mehr da. Wir stellten den Motor ab und öffneten die Fenster, um nach ihnen zu lauschen, aber es war nichts zu hören.

Wir kamen auf die Idee, im Wald nach ihnen zu suchen, aber wir entschieden uns dann doch anders. Wahrscheinlich waren die Jungen mit ihrer Mutter unterwegs, die unser Eindringen sicherlich nicht sehr geschätzt hätte.

In den folgenden Tagen warteten wir darauf, dass der Wind wieder in unsere Richtung umschlug, aber er blies weiterhin aus Südwest, und wir waren dankbar dafür. Schließlich erreichte die Feuersbrunst einen kritischen Engpass. Wenn sie dort gestoppt werden konnte, so wäre eine Eindämmung und ein Löschen des Feuers möglich. Der Einsatzleiter fasste einen mutigen Entschluss. Er setzte seine drei Spezialteams direkt an der Spitze des Feuers ein. 18 Stunden lang hielten die Mannschaften der Feuersbrunst stand und trugen schließlich den Sieg über sie davon. Es war heldenhafte Arbeit.

Schließlich drehte der Wind, und der Rauch zog erneut in unsere Richtung und legte sich mehrere Tage lang über unsere Wälder, aber die unmittelbare Gefahr war vorüber. Gefahrvolle Situationen kehrten jedoch vor Ende des Sommers wieder.

Gerade als Little Bit uns im Juni regelmäßig jeden Tag einen Besuch abstattete, kam auch Big Mama jede Nacht vorbei. In der Regel wartete sie bis 22.00 Uhr oder später, wenn die Abenddämmerung in völlige Dunkelheit überging, um ihre drei kleinen Jungen auf unsere Veranda zu führen. Zu jener Jahreszeit war es nur von 22.30 bis 4.00 Uhr richtig dunkel – also weniger als sechs Stunden.

Jedes der drei Jungen wog zu diesem Zeitpunkt nicht mehr als etwa drei Kilogramm. Da sie Nachtschwärmer waren, wirkten ihre Augen wie große Teetassen. Sie schienen zu wissen, dass ihre Mutter sie mit uns auf freundschaftliche Weise bekannt machen wollte, und sie versammelten sich geflissentlich an der hinteren Tür, während Big Mama Wache hielt. Obwohl Junge von dieser Größe nicht so zappelig sind wie Welpen, halten sie einen selbstverständlich auf Trab. Diese hier kletterten über- und untereinander, um an unseren Armen zu schlecken und in den Kasten mit den Sonnenblumenkernen zu krabbeln.

Der Samstagnachmittag des 20. Juni war heiß und windig. Wir hatten im Haus mehrere Ventilatoren eingeschaltet, damit die Luft etwas zirkulierte. Plötzlich bemerkten wir, dass sie still standen. Wir überprüften die Sicherungen und stellten fest, dass unsere Stromzufuhr offensichtlich unterbrochen war. Beide befürchteten wir sofort das Schlimmste: vielleicht ein Junges, das auf einen Strommast geklettert war. Unsere Windspiele von vor zwei Jahren waren heruntergefallen und wir hatten vergessen, sie durch neue zu ersetzen. Schuldbewusstsein erfasste uns und wurde übermächtig.

Ich rief beim Elektrizitätsunternehmen an. Wieder war unser Anruf der Einzige, den sie erhalten hatten. Glücklicherweise war das Notfallteam in der Nähe und meldete sich sofort. Ich unterrichtete sie von unseren Befürchtungen und erklärte, was zwei Jahre zuvor geschehen war. Sie hatten die Geschichte gehört.

In ein paar Minuten wurde unsere Annahme bestätigt. Zuerst dachten wir, es sei eines von Little Bits Jungen gewesen, das auf den Mast geklettert war, weil sie sie vornehmlich bei Tageslicht herumführte. Doch noch innerhalb der nächsten Stunde kam sie wohlbehalten mit Winnie und Puh im Schlepptau bei uns angetrottet.

Dann blieb nur noch Big Mama mit ihren Drillingen übrig. In jenem Sommer schienen keine anderen Jungen in der Umgebung zu sein. Wir begannen also, auf sie zu warten, und rechneten damit, dass sie mit den Überlebenden kurz vor dem Dunkelwerden eintreffen würde. Sie traf aber nicht ein. Es war kein Anzeichen von ihnen zu sehen, und wir machten uns langsam Sorgen, dass irgendeine Tragödie noch schlimmerer Art, als der Verlust eines Jungen, sie heimgesucht haben könnte. Den ganzen nächsten Tag und Abend über hielten wir Ausschau und warteten, wobei Little Bit uns mehrere Besuche abstattete, Big Mama jedoch keinen einzigen.

Am dritten Abend weit nach 22.00 Uhr kam Big Mama mit zwei Jungen zurück. Sie war nervös und ängstlich, doch wenigs-

Pig und Pen, die Babys von Big Mama.

tens machten sie und ihre beiden überlebenden Kleinen einen gesunden und unverletzten Eindruck. Am darauf folgenden Morgen kamen sie erneut zu einem der seltenen Besuche bei Tageslicht zurück. Es war wieder ein warmer Tag mit hoher Luftfeuchtigkeit und ohne Wind. Die Moskitos kreisten erbarmungslos über den zwei Jungen, die aber auch wirklich wie kleine schmutzige Bälle aussahen. Zu Ehren von Charles Schulz und seiner Comicfiguren nannten wir sie Pig und Pen.

Bei Tageslicht entdeckten wir, dass eines der Jungen, Pig, ein Männchen war, und das andere, Pen, ein Weibchen. Pig war unübersehbar das aggressivere und zeigte sich seiner Schwester gegenüber geradezu kampflustig. Er war stets als Erster auf der Veranda, um Sonnenblumenkerne oder Zuneigung zu bekommen, und der Letzte, der wieder ging. Manchmal lungerte er noch zehn Minuten, nachdem seine Mutter und seine Schwester bereits gegangen waren, auf der Veranda herum. In solchen Fällen dachten wir, er würde sie nie wieder finden. Aber natürlich war auf seine Nase immer Verlass, und die drei waren stets rasch wieder vereint.

Einige Tage später hängten Patti und ich gemeinsam drei Windspiele auf, wir gingen von Strommast zu Strommast und nagelten sie fest. Sie kreisten beim geringsten Luftzug und würden die Jungen sicherlich eine Zeit lang fern halten.

Einige Abende später ruhten Little Bit und ihre Jungen so lange auf der Veranda aus, bis es fast dunkel war; die ersten Sterne zeigten sich bereits am Himmel. Ihr verspäteter Aufbruch führte zu einer Begegnung mit Big Mama und ihrem Pärchen, die sich über anderthalb Stunden, eine halbe Ewigkeit, hinzog.

Little Bit hatte ihr Kommen gewittert. Wir bemerkten ihre Unruhe, doch zusammen mit uns fühlte sie sich auf der Veranda

Eines der Jungen auf einer Entenbox.

beschützt und machte keine Anstalten zu gehen. Sie tigerte unschlüssig hin und her und die Jungen wurden unruhig, doch sie konnten nicht erkennen, was sie von ihnen wollte. An diesem Punkt traf Big Mama ein. Beide Weibchen schnauften und keuchten einander kurz an, und Big Mama setzte sich hin, um am Fuße der Treppe zur Veranda auf ihre Zeit zu warten. Sie befand sich gut vier Meter von der Treppe entfernt, was normalerweise für das Passieren von Little Bit und ihren Jungen ausreichte.

Um die Situation vollständig vor Augen zu haben, muss man wissen, dass die Treppe die einzige Möglichkeit darstellte, auf die Veranda oder von ihr hinunterzugelangen, es sei denn, man kletterte an einem der Pfeiler hinauf oder hinab. Zu dieser Lage der Dinge addierte sich die durch die zunehmende Dunkelheit verstärkte Unsicherheit und die durch die hellen Strahlen unserer

Taschenlampen verursachte Verwirrung. Wenn Sie zwei nervöse, vom mütterlichen Beschützerinstinkt angetriebene Weibchen und ihre vier Jungen in nahe beieinander gelegenen Quartieren in der Dunkelheit haben, dann sind die Jungen mit Sicherheit in Gefahr. Sogar die normalerweise sanftmütig gestimmte Little Bit schien fremde Junge nicht zu mögen. Wir wussten nicht, wie die Mütter reagieren würden. Hier lag großes Potenzial für einen unheilvollen Ausgang der Begegnung vor, und mir klopfte das Herz.

Little Bit grunzte metallisch zu ihren Jungen hinüber, führte sie die Stufen hinunter und wandte sich dann nach links, in die entgegengesetzte Richtung von Big Mama. Die Jungen blieben jedoch auf der Treppe stehen, zogen sich zurück und jagten auf der Suche nach einem anderen Fluchtweg über die Veranda. Ich hörte, wie Patti leise stöhnte.

»Oh, oh«, sagte ich. »Wir haben ein Problem. Ich werde versuchen, Big Mama in größerer Entfernung zu halten, und du bringst die Jungen nach unten.«

Big Mama wartete geduldig, aber ihr kampflustiger kleiner Pig war entschlossen, sich seinen Weg auf die Veranda zu erstürmen. Ich scheuchte ihn zu seiner Mutter zurück, die aufstand, nun offensichtlich beunruhigt. Wenn es um ihre Jungen ging, hatte sie einen sehr starken Beschützerinstinkt und ich wollte das zarte Band des Vertrauens, das sich zwischen uns gebildet hatte, nicht aufs Spiel setzen. Der Plan, der einem scheinbar so einfachen Muster folgte, wurde nun unmöglich in seiner Durchführung.

Winnie und Puh waren verwirrt, ihre Mutter stand unten und rief mit ihrem metallischen Grunzen nach ihnen, und sie konnten einfach keinen Weg von der Veranda hinunterfinden. Patti lockte die zwei Babys schließlich zu den Treppenstufen hinüber, aber da ich auf halber Strecke auf den Stufen stand und der kleine Pig weiter unten herumrandalierte, sahen sie keine andere Rückzugsmöglichkeit als eine Kehrtwendung. Sie zogen sich erneut auf die Veranda zurück, wo sie sich ängstlich herumdrückten und auf das obere Geländer kletterten, das sich 4,25 Meter über dem Boden befand. Patti startete erneut einen Versuch und trieb sie sanft über das Geländer, aber als sie an der Treppe ankamen, schreckten sie wieder zurück und verzogen sich.

In dem Augenblick vergrößerte Big Mama das Problem noch zusätzlich dadurch, dass sie zu den unteren Stufen vortrat. Sie wollte nicht länger warten und das machte sich bemerkbar. Es war einer der Momente, in denen wir einfach nicht stark genug waren, um uns Pig und Big Mama auf der einen Seite vom Leib zu halten und die beiden Jungen auf der anderen Seite in Sicherheit zu geleiten. Wir hätten mindestens noch eine Person zur Verstärkung brauchen können.

Ich hob meine Hände und schlug vor, die Plätze zu tauschen. Also kam Patti nach unten und versuchte Big Mama und Pig zum teilweisen Rückzug zu bewegen, während ich die zwei hysterischen Jungen an der Bank entlang bis zur Treppe vorantrieb.

»Ich brauche den Bärenstock«, sprach ich meine Gedanken laut aus. »Das wird sie nach unten bewegen.« Ich holte ihn und versuchte, sie sanft anzustupsen. Es war weit mehr als ein Stups erforderlich. Als ich sie so vor mir herschob, machten sie vor Angst auf die Bank, aber die zwei widerstrebenden Jungen bewegten sich immerhin auf die Stufen zu. Ich glaube, in jenem Augenblick stellte ich mit all dem Druck, den ich ausübte, und den verbalen Befehlen eine größere Bedrohung für sie dar als Big Mama.

Sie erreichten den Engpass am Ende der Treppenstufen und liefen direkt hindurch, wobei ich von hinten schob. Puh lief die

Pig schickt sich an, die alte Weißfichte hinaufzuklettern.

Treppe hinunter, scherte nach links aus und war alsbald wieder mit ihrer angsterfüllten Mutter vereint. Winnie ließ sich jedoch durch den schwarzen Schatten vor ihm verwirren und lief direkt auf Big Mama und ihre Jungen zu. Mein Herz blieb stehen. Ich wusste nicht, was sie tun würde. In letzter Sekunde erkannte Winnie seinen Fehler und drehte nach links ab, wo er mit Pig zusammenstieß. Pig klammerte sich an den Stamm der Weißfichte und kletterte hinauf, gefolgt von dem verzweifelten Winnie.

»Oh, nein«, rief ich und ließ frustriert die Schultern sinken. »Jetzt haben wir sogar ein noch größeres Durcheinander.« Die männlichen Jungen saßen oben auf dem Baum und riefen verzweifelt um Hilfe, während die beiden weiblichen Jungen sich unten hinter ihren Müttern versteckten. Beide Mütter stießen ihr metallisches Grunzen aus, um ihre Jungen auf der Stelle nach unten zu beordern. Jedes Junge schaute auf die Mutter des anderen, so als wolle es sagen: »Du kannst mich nicht herumkommandieren oder herunterlocken. Du bist nicht meine Mutter.«

Patti und ich zuckten die Achseln, wir wussten nun auch nicht mehr weiter. Sie schaute mich an und sagte: »Da hast du uns ja was Schönes eingebrockt.« In der Art, wie sie verschlungen in den Ästen hingen, gab es tatsächlich wenig oder besser gesagt gar nichts, was wir tun konnten, da wir nicht wussten, wie weit wir Big Mama zurücktreiben konnten. Außerdem waren wir selbst mittlerweile ziemlich am Ende.

Schließlich meinte Patti: »Ich gehe ins Haus. Vielleicht lassen wir sie das besser unter sich regeln.« Und genau das taten sie, auch wenn es noch ziemlich lange dauerte.

Zuerst kamen Big Mama und Pen auf die Veranda und hockten sich in den Lichtkegel, der aus dem Wohnzimmer hinausschien, um Sonnenblumenkerne zu fressen. Pig sah sie und fasste daraufhin den Entschluss, unter Umgehung von Winnie den Baum hinabzugleiten, und gesellte sich auf der Veranda wieder zu seiner Mutter. Winnie blieb auf dem Baum, schrie, und Little Bit zog sich so lange in respektvollem Abstand zurück, bis Big Mama und ihr Pärchen eine halbe Stunde später von der Bildfläche verschwanden. Dann kam Little Bit zurück und rief Winnie herunter, um die verfahrene Situation zu beenden und ihre Zwillinge wieder zu vereinen.

Little Bit verabscheute jede Art von Gewalt. Für ein Weibchen war sie groß, aber sie vermied fast immer die Konfrontation. An einem Abend verließ sie mit ihren Jungen die Veranda, als zwei männliche Bären auf der Bildfläche erschienen. Winnie war zurückgeblieben und wurde von seiner Mutter abgeschnitten. Es war dunkel. Er witterte die Männchen. Wie es fast alle Jungen taten, kletterte er auf den nächsten Baum.

Ich ging hinaus, verscheuchte die Männchen von der Veranda

und hoffte, sie würden weiter ihres Weges ziehen. Doch sie gingen in den Wald und blieben genau an dem Baum stehen, auf den Winnie geklettert war. Statt zu versuchen, sie zu verscheuchen, wartete Little Bit eine Weile ab, dann rief sie Puh und verließ das Gebiet. Als Winnie bemerkte, dass er zurückgelassen worden war, fing er von seinem Sitzplatz im Baum aus laut an zu brüllen. Sein Schreien zerbrach einem fast das Herz und hielt mindestens 20 Minuten an. Ich wollte gerade mit einer Taschenlampe hinunter und in den Wald gehen, um ihm zu helfen, als Little Bit auf die Veranda zurückkehrte und ihn mit ihrem metallischen Grunzen rief. Die zwei Männchen waren verschwunden. Little Bit hatte das gerochen und übernahm nun wieder die Verantwortung. Ihre Rückkehr und ihr Grunzen signalisierten Winnie, dass alles in Ordnung war. Er kam herunter, und das Trio machte sich auf den Weg. Patti und ich gingen dankbar zu Bett.

Da wir uns stets vor Sorgen verzehrten, nahmen wir sofort das Schlimmste an, als Little Bit und Puh ohne Winnie auftauchten. Es war warm und sonnig und so gut wie windstill. Wir gingen hinunter zum Bach und in die Wälder und riefen nach dem kleinen Jungen, aber es war nichts von ihm zu sehen und zu hören.

»Wo ist dein Junges Little Bit? Wo ist Winnie?«, fragte ich und wusste, dass ich keine Antwort bekommen würde. Little Bit ihrerseits schien zufrieden und unbesorgt zu sein. Sie gab keine Signale, die wir verstehen oder denen wir folgen konnten.

»Ich nehme an, wir müssen einfach nur warten und das Beste hoffen«, sagte ich achselzuckend. »Vielleicht taucht er in ein paar Minuten auf.« Doch die Minuten wurden zu Stunden und obwohl sich Little Bit vollkommen glücklich im Schatten zu entspannen schien, gab es kein Zeichen von Winnie.

Am nächsten Morgen, wir beobachteten die Sache jetzt ganz

genau, sahen wir Little Bit und Puh durch eine seichte Furt im Bach platschen und langsam auf dem Weg zur Veranda den Rasen heraufkommen. Meine Hoffnung sank. Auch am zweiten Tag kein Zeichen von Winnie. »Langsam bekomme ich ein ungutes Gefühl, aber ich weiß nicht, was wir tun können«, sagte ich.

Patti schüttelte unglücklich den Kopf und ging mit einem Eimer voller Sonnenblumenkerne hinaus, um Little Bit zu begrüßen. Eine Minute später hörte ich, wie sie nach Winnie rief. Sie kam zurück ins Haus gelaufen. »Er hinkt stark. Ich brauche Hilfe.«

Ein oder zwei Augenblicke lang schaltete ich nicht. »Wer ist verletzt?«, fragte ich.

»Winnie. Er kommt gerade über den Rasen gelaufen. Sieht so aus, als habe er sich sein Bein irgendwie verletzt.«

Ich ging hinaus und sah Winnie über den Rasen humpeln. Er blieb schwach und mutlos am Fuße der Treppe stehen.

Patti eilte mit Milch und Sonnenblumenkernen für das verletzte Junge an mir vorbei. Sie setzte sich auf die unterste Stufe und berührte vorsichtig das Vorderbein, das er hochhielt. Es schien nicht gebrochen zu sein; sie fuhr mit ihrer Hand vorsichtig über seine Schulter und sein Bein. Dann hob sie seine Tatze hoch und untersuchte sie.

Das Junge zuckte voller Schmerz zusammen und stieß einen erschreckten Schrei aus. Das reichte aus, um eine besorgte Mutter über Pattis Schulter schauen zu lassen. Als sie sich versichert hatte, dass ihr Junges in guten Händen war, ging Little Bit wieder zurück zu dem Kasten mit den Sonnenblumenkernen und begann erneut zu fressen.

»Okay, ich hab's«, sagte sie. »Dort ist ein tiefer Schnitt direkt durch seine Tatze hindurch. Wir müssen ihn desinfizieren.«

184

In Situationen wie dieser kam Pattis Zeit als Tierarztassistentin in Florida sehr gelegen. Sie wusste, was zu tun war und wie es gemacht wurde. Also gab ich ihr die Tube mit dem Antiseptikum und sie drückte eine reichliche Menge davon auf seine Tatze, massierte es sanft ein und redete beruhigend auf das Junge ein, während sie ihre Arbeit verrichtete.

»Wahrscheinlich ist er irgendwo auf eine Glasscherbe getreten«, sagte sie. »Ich hoffe nur, dass sich die Wunde nicht entzündet. So weit sieht es ganz gut aus, wenn wir ihn nur davon abhalten können, die Salbe abzulecken. Dann können wir nur noch hoffen, dass die Wunde heilt. Jedes Mal, wenn er sie mit Gewicht belastet, drückt er die Wunde wieder auseinander, sodass sie sich nicht schließt.« Sie saß da und behielt das Junge im Auge, als es glücklich die Milch schlürfte und Sonnenblumenkerne fraß. Wenigstens schien er guten Appetit zu haben.

Als Little Bit und Puh gingen, hinkte Winnie hinter ihnen her. Sie wateten durch den steinigen Bach zurück und kletterten den steilen Berg entlang, wobei Winnie mutig zu folgen versuchte.

Als das Dreiergespann am nächsten Tag vorbeikam, blieb Winnie wieder am Fuß der Treppe stehen, er war nicht bereit, den Aufstieg zu wagen. Patti untersuchte erneut seinen Fuß, rieb noch etwas Antiseptikum ein und gab ihm Sonnenblumenkerne. »Die Tatze scheint nicht mehr heiß oder geschwollen zu sein«, bemerkte Patti. »So weit, so gut.«

Wir beobachteten, wie die kleine Gruppe mit Winnie als Schlusslicht den Zaun entlang und in die Wälder trottete. Das war das Letzte, was wir in den nächsten drei Tagen von ihnen sahen. Es war Blaubeersaison und wir wussten aus früherer Erfahrung, dass Little Bit angesichts unserer nur spärlichen Resternte wohl einen Tadel von uns erhalten würde.

Bei ihrer Rückkehr zeigte Winnies Tatze bemerkenswerte

Fortschritte. Er begann, sie wieder zu belasten und sah, obwohl er noch hinkte, wieder agiler aus. Das Trio kam auf die rückwärtige Veranda herauf, und anfangs dachten wir, dass alles wie gewohnt verlaufen würde. Doch dann bemerkten wir eine größere Veränderung. Statt sich ihrem Bruder unterzuordnen, strebte Puh größere Dominanz an. Wenn Winnie versuchte, seinen Kopf neben dem ihren in den Eimer mit Milch zu stecken, dann schnappte sie nach ihm und fauchte. Nach kurzer Konfrontation, die Little Bit störte, sahen wir verwundert, dass Winnie sich seiner Schwester unterordnete.

Little Bit hasste Streitereien zwischen ihren Jungen und versuchte stets sie auseinander zu bringen, wenn sie sich zankten, indem sie sich selbst zwischen die zwei jaulenden Jungen drängte. Sie waren nun größer, wogen jedes etwa 13 bis 18 Kilogramm und konnten, wenn sie sich etwas in den Kopf gesetzt hatten, einen wirklich Furcht erregenden und gewaltigen Lärm machen. Für Puh war dies die Gelegenheit, die Führung zu übernehmen, was sie auch tat.

An jenem und dem nächsten Tag versuchte sie mehrere Male, Winnie einzuschüchtern, und hoffte dabei, selbst den Ton angeben zu können. Er zog sich zurück und wir dachten, Puh hätte den Sieg davongetragen, denn die Streitereien ließen nach.

Doch Winnie wartete einfach nur auf bessere Zeiten. Eine Woche später, als sein Hinken fast verschwunden war und er scheinbar wieder wohlauf war, nahm Puh es in der Annahme, dass er zurückstecken würde, erneut mit ihm auf. Diesmal schnappte und fauchte er zurück, bis Little Bit sich mit gutturalem Protest buchstäblich wie ein Keil zwischen die beiden warf, um die Auseinandersetzung zu beenden. Diese Streitereien wurden von viel Lärm und Geschubse begleitet, doch niemand wurde je gebissen oder verletzt.

Der Zank wiederholte sich noch eine weitere Woche fast jeden Tag, was Little Bit mehr störte, als eines ihrer beiden Jungen. Schließlich stellte Winnie seine eingeschränkte Dominanz wieder her und die Streitereien ließen nach. Was Patti und mich betraf, so hatten wir eine nützliche Lektion in Bärenpsychologie erhalten.

Immer, wenn wir dachten, wir hätten eine Menge über Bären gelernt, dann taten sie etwas so Unerwartetes, dass wir vor lauter Verwunderung nur den Kopf schütteln konnten. Die größte Überraschung bescherte mir Big Mama Anfang Juli.

Da Little Bit den Tag über so viel Zeit auf der Veranda verbrachte und wir am Abend häufig mit Big Mamas Besuchen rechnen konnten, waren Patti und ich dazu übergegangen, die Männchen von der Veranda zu verscheuchen. Sie waren nicht lästig, aber wir wollten das Gebiet für die Mütter mit ihren Jungen freihalten. Unsere Bemühungen bewahrten die Männchen außerdem davor, von Big Mama um den Verstand gebracht zu werden, wenn sie eintraf.

An jenem besonderen Abend war ein junges Männchen auf die Veranda gekommen, gleich nachdem Little Bit und ihre Jungen aufgebrochen waren. Er fraß begierig gerade zu der Zeit, in der Big Mama für gewöhnlich eintraf, aus dem großen Kasten mit den Sonnenblumenkernen. Ich ging hinaus, er lief davon und ich nahm den Kasten und brachte ihn hinein. Ein paar Minuten später trafen Big Mama, Pig und Pen ein. Ich ging zur Tür, schob sie auf und stellte den Kasten wieder hinaus.

Big Mama hatte sich angewöhnt, nahe an mich heranzukommen und an meinem Arm zu schnuppern, wenn ich Sonnenblumenkerne oder ab und zu einen Eimer Milch hinausstellte. Als sie nun also herüberkam, um zu schnüffeln, schenkte ich dem keinerlei Aufmerksamkeit. Dieses Mal jedoch, als ich den Kasten hinstellte, öffnete sie ruhig ihre Schnauze und biss mich in den Unterarm. Sie ließ, so schnell sie konnte, wieder los, bevor sie richtig zubiss, aber ihre großen oberen Eckzähne hatten die Innenseite meines Arms trotzdem tief durchbohrt.

Ich stand auf, eher geschockt als verletzt, und ging hinein, wo ich zu Patti sagte: »Sie hat mich gebissen.« Meine Stimme war sehr ruhig.

»Was?«, sagte Patti und meinte, sie habe sich verhört. Dann eilte sie ins Wohnzimmer, wo ich stand und voller Erstaunen auf die Blutbäche schaute, die meinen Arm hinunterliefen.

»Das ist eine schlimme Wunde«, sagte sie und griff nach einem Handtuch. Wir schätzten den Biss auf gut einen Zentimeter im Quadrat und knapp zwei Zentimeter tief. »Vielleicht sollten wir besser zur Notaufnahme fahren, und sie von einem Arzt anschauen lassen.«

»Nein«, sagte ich bestimmt. »Wir behandeln das hier zu Hause. So schlimm ist es nicht. Wir brauchen nur einen Verband.«

Sie schaute mich zweifelnd an.

Ich erklärte: »Ich möchte nicht, dass jeder in der Stadt sagt, ›Ich habe es dir doch gleich gesagt. Ich wusste, dass es nur eine Frage der Zeit war!‹ Außerdem wird alles wieder gut. Es war nur ein Irrtum.« Sie hatte das Jod in der Hand und goss es nun in die offene Wunde.

»Uuuuh«, sagte ich, »das hilft mit Sicherheit.« Das Jod brannte stärker als der Biss selbst.

Sie ließ das Blut mehrere Minuten lang laufen, damit sich die Wunde säuberte, und verband sie dann fest, um die Blutung zu stillen. »Was meinst du damit, es war ein Irrtum?«, fragte sie.

Ich erklärte, wie ich den Kasten, der noch den frischen Geruch eines männlichen Bären trug, direkt an ihrer Nase vorbei hinausgestellt hatte. »Als sie den Hauch eines fremden Bären roch, erwachte sofort ihr Beschützerinstinkt und sie biss zu. Aber sie ließ sofort wieder los. Sie klappte nicht einmal ihre Kiefer zu. Hätte sie das getan, so wäre ich nun tatsächlich ein Problem. Sie hätte bis auf den Knochen gebissen. Stattdessen habe ich jetzt nur ein Loch im Gewebe meines Arms und einige Abdrücke ihrer unteren Zähne oben auf meinem Unterarm.«

Ich berichtete weiter, dass Big Mama sofort nach dem Zuschnappen zurückgewichen war und keine Warnsignale für die Jungen ausgestoßen hatte. »Es war ein offenkundiger Irrtum«, wiederholte ich. »Eine Reflexhandlung.«

»Gut«, sagte sie. Ihre Augen funkelten. »Denk an die Geschichte, die du eines Tages erzählen kannst: wie du von einer schielenden, halb blinden Bärin gebissen wurdest. Sehr heldenhaft.«

In jener Nacht sprachen wir noch eine ganze Weile über die Bären, noch lange nachdem Big Mama und ihre Jungen gegangen waren. Abgesehen von den beiden Weibchen und ihrem Nachwuchs hatten wir Bärenbesuch generell unterbunden. Wenn gelegentlich eines der Männchen wie Scar vorbeikam, die wir aus früheren Jahren kannten, hießen wir ihn willkommen, aber das kam selten vor. Skinny und Scar waren nicht mehr da. Irving war verschwunden. Pretty Boy war den ganzen Sommer über nicht zurückgekehrt. Ausgewachsene männliche Bären wandern über lange Strecken, um sich ihre eigenen Territorien zu sichern. Wer weiß, wie weit unsere Freunde gewandert waren? Außer ein paar jugendlichen Bären und Honey waren Little Bit und Big Mama unsere einzigen Besucher. Alle anderen Bären, die wir sahen, waren einfach nur hungrige Wanderer, die wie Landstreicher unterwegs waren und auf einen gelegentlichen kleinen Imbiss hofften.

Ich ging am nächsten Morgen mit meinem Arm in der Schlinge zur Arbeit und wehrte die Fragen der Mitarbeiter ab, indem ich erklärte, ich sei in den Wäldern in einen spitzen Ast gelaufen. Nach einer Woche war der Verband nicht länger erforderlich. Die Wunde heilte ohne Infektion und war bald vergessen.

Trotzdem, die Narbe bleibt mir eine lebendige Erinnerung an diesen Juliabend und ich trage sie mit einem gewissen Stolz. Es dürfte wenig Menschen geben, die den Biss eines Schwarzbären nicht in schlechter Erinnerung behalten. Vielleicht bin ich in dieser Hinsicht ein Einzelfall.

Eine ziemlich häufige Besucherin war in jenen Monaten Honey, ein junges Weibchen. In der Regel mied sie den Bereich hinter dem Haus und hielt sich vorne auf, wo sie in den Futterschalen für die Vögel nach Sonnenblumenkernen suchte. Sie war hoch aufgeschossen und etwas unbeholfen und hatte immer Angst vor den anderen Bären. Doch sie war auch neugierig und schien unsere Gesellschaft zu mögen, also blieb sie in der Nähe.

Manche Bären haben besondere Eigenschaften oder Gewohnheiten. Honey hatte die Angewohnheit, sich auf ihre Hinterbeine zu stellen und herumzuschauen. Sie stellte sich stets aufrecht hin, um besser sehen zu können. Vielleicht hatte sie die schlechten Augen ihrer Mutter geerbt.

An einem Tag saßen wir mit Litte Bit und ihren Jungen auf der Veranda, als Honey einen ihrer seltenen Besuche hinter dem Haus abstattete. Es war einer jener heißen, trockenen Tage, die wir häufig erlebt hatten. Für ein großes, schweres Muttertier wie Little Bit war es kein angenehmes Wetter, und vielleicht irritierte sie der Anblick eines jüngeren Weibchens und weckte ihren Beschützerinstinkt.

Ich wartete darauf, dass Honey sich zurückzog. Aber Little Bit hatte die Nase voll von dem, was sie als eine Unverschämtheit empfunden haben musste. Sie stand auf, warf einen Blick zu Patti hinüber und tappte dann über die Treppenstufen. Sie ging ruhig hinunter, rannte dann auf Honey los und ließ uns als Babysitter ihrer Jungen zurück. Sie galoppierte durch die Büsche und auf den Rasen hinaus. Honey, die auf ihren Hinterbeinen stand, war aller Wahrscheinlichkeit nach genauso fassungslos wie wir. Sie ließ sich auf alle viere fallen und rannte los.

»Little Bit!«, rief Patti. »Komm zurück. Sie tut deinen Jungen nichts.« Doch Little Bit meinte es ernst. Ich nahm an, sie würde vom Laufen müde werden und die Jagd auf Honey beenden, wenn diese in den Wäldern verschwand.

Wir begannen, uns mit Winnie und Puh zu beschäftigen, die uns ziemlich gut kannten und sich mittlerweile in unserer Gegenwart in Sicherheit fühlten. Puh kletterte auf Pattis Schoß, und wir warteten alle geduldig darauf, dass Little Bit aufgeben und zurückkehren würde. Ein paar Minuten später kam Honey mit Vollgas aus dem dichten Wald an der südlichen Seite unseres Hauses geprescht. Eine entschlossene aber keuchende Little Bit war ihr im Abstand von höchstens sechs Metern auf den Fersen. Sie hatten eine ganze Runde um das Haus gedreht und kamen wieder auf den Rasen gerannt. Zuerst wollte ich in Gelächter ausbrechen. Hier hatten wir eine gazellenartige junge Bärin, die in der Tat keine Furcht davor hatte, von ihrer schwerfälligen Verfolgerin erwischt zu werden. Tatsächlich schaute sich Honey immer wieder nach Little Bit um, die stark außer Atem geraten war und ihr Tempo radikal drosseln musste. Little Bit hielt die Verfolgung immer noch aufrecht, über den Rasen und zurück in den Wald in Richtung Norden. Dann stoppte sie abrupt in der Nähe der Veranda und hechelte. Wir hörten, wie Honey immer noch weiterraste.

Patti ging hinüber und bemitleidete Little Bit, die einen Schluck Wasser brauchte. In ihrem Inneren konnten wir regelrecht ihren Atem rasseln hören. Sie war wirklich erschöpft. Aber immerhin hatte sie ihre Mission erfüllt und Honey in die Flucht geschlagen. Wir wussten, dass sie sich wegen ihrer Jungen so verhielt. Eine dieser mütterlichen Beschützerinstinktgeschichten.

Jene Zeit im Sommer, im späten Juli und frühen August, war Hochsaison in der Zeitungsredaktion, und wir waren manchmal acht oder zehn Stunden lang nicht zu Hause. War das der Fall, dann hinterließ Little Bit regelmäßig in Form von schmutzigen Tatzenabdrücken ihre Visitenkarte auf der Schiebetür. Nachdem sie den Bach und den frischen Rasen hinter dem Haus überquert hatte, blieb an ihren nassen Füssen der Schmutz hängen, den sie dann an die Schiebetür weitergab, wenn sie sanft mit der Tatze gegen die Tür drückte.

Ein- oder zweimal pro Woche kam Little Bit früh am Morgen zu uns, wenn es gerade hell wurde und wir noch schliefen. Sie klopfte mit ihren Krallen laut genug, um Patti aus ihrem leichten Schlaf zu wecken. Die frühen Morgenstunden waren kühl auf der schattigen Veranda, und aus irgendwelchen Gründen waren die Moskitos um diese Uhrzeit auch weniger gefräßig.

Patti verbrachte in jenem Sommer vor der Arbeit viele dieser frühen Morgenstunden mit Winnie, Puh und ihrer Mutter auf der Veranda. Wenn die Bären sich auf den Weg machten, so gingen sie nur bis zum tiefen Gras nördlich des Hauses, wo sie im Schatten dösten, oder sie überquerten den Bach und gingen zu ihren Ruhelagern im Farn.

Honey kehrte kurz nach der Verfolgungsjagd zurück und hielt sich auf dem Hof vor dem Haus auf, wo Little Bit nur selten vorbeikam. Sie stattete uns von jenem Tag an bis zum Aufbruch in den Winterschlaf regelmäßig Besuch ab.

Ein kleiner Imbiss für Little Bit und ihre Jungen.

Als der August heiß und trocken näher rückte, war die Wald-
brandgefahr nach wie vor bedrohlich. Offizielle Stellen waren
hin- und hergerissen zwischen dem Bedarf an Touristeneinnah-
men, die nie hoch genug sein konnten, und der Gefahr, die von
der Anwesenheit ebendieser Touristen ausging. Schließlich ent-
zündete an einem heißen und windigen Donnerstagnachmittag
jemand, der am Ufer eines kleinen, wilden Sees in der Nähe der
Grenze kampierte, den Funken, der den Wald in Flammen setzte.

Das Saganaga-Feuer, wie es genannt wurde, breitete sich am
ersten Tag elf Kilometer weit aus und vernichtete eine Fläche von
36 000 Quadratkilometern. Große graue Rauchwolken zogen
über den nördlichen Himmel. Auf dem Gun Flint Trail nördlich
von unserem Haus wurde der Verkehr zurückgeleitet. Zwei Wo-

chen lang mühten sich die besten Feuerwehrteams Nordamerikas ab, um den Brand unter Kontrolle zu bringen. Es wurden erst 52, dann 78 Quadratkilometer Wald zerstört.

Eine Woche lang hielt der Westwind an und das Feuer breitete sich wie geschmolzene Lava nach Kanada hinein aus. Dann änderte sich die Luftströmung und der Rauch zog wie eine Gazeschlange südwärts durch die Flusstäler. Wenn man draußen steht, den stechenden Geruch einatmen und seinen grauen Nebel, der die Luft verpestet, sehen kann, wird ein Feuer plötzlich zu einer penetranten Angelegenheit. Man denkt an nichts anderes mehr. Wie schnell bewegt es sich vorwärts? Wie weit ist es noch entfernt? Wie stehen die Chancen auf Regen?

Solange des Feuer loderte, fürchteten wir auch, dass weitere Brände ausbrechen könnten. In größerer Nähe zu uns. Gefährlicher. Ein paar Blitzschläge würden ausreichen. Ein unachtsamer Raucher.

In der Zwischenzeit waren die Bären unterwegs auf der Suche nach Nahrung in einer trockenen, unwirtlichen Landschaft. Ihre Lieblingsbeeren, Haselnüsse und Weinreben, die in den reichen Zeiten allesamt üppig gediehen, waren nun kaum zu finden. Die Suche danach gestaltete sich schweißtreibend, ermüdend und unproduktiv.

Sogar als der Wind erneut drehte und der Rauch sich verzog, war die Luft immer noch trocken und staubig und hatte einen eigenartigen Geschmack. Eines Abends kam ich von der Arbeit, stieg aus dem Wagen, schaute die Auffahrt hinunter und sah, wie der Staub noch zwischen den Bäumen schwebend in der Luft hing, wie ein ungebetenes Wesen aus dem Weltraum.

In Zeiten wie diesen legten sogar unsere Bären langsam ein seltsames Verhalten an den Tag. Einmal kamen wir um die Mittagszeit heim und fanden Big Mama auf ihren Hinterbeinen stehend auf der rückwärtigen Veranda vor, wo sie zum steil abgeschrägten Spitzdach hinaufschaute. Es war das erste und einzige Mal, dass wir sie auf zwei Beinen stehen sahen. Auf halber Strecke auf dem Dach klammerte Pig sich an die Schindeln, wobei seine Krallen sich tief darin verkeilten. Die Sonne hatte den ganzen Morgen auf die Schindeln hinuntergebrannt, und sie waren offenkundig sehr heiß, denn Pig war ängstlich und beschwerte sich lauthals.

Während sich dieses Drama oben auf dem Dach abspielte, genoss Pen ihre Sonnenblumenkernmahlzeit aus dem Futterkasten, den sie nun wenigstens, ohne darum kämpfen zu müssen, ganz für sich allein hatte. Die gesamte Szene war irgendwie widersinnig. Sie hätte auch witzig sein können, wäre da nicht die Gefahr für Pig gewesen. Das Dach war steil und endete mit einem Abstand von drei oder dreieinhalb Metern zum Boden. Warum das Junge die Neigung halb hinaufgeklettert war und sie bis dort, wo er sich jetzt festklammerte, mindestens dreieinhalb Meter weit überquert hatte, war uns ein Rätsel. Doch er harrte nun dort aus und traute sich weder vor noch zurück, während seine Mutter versuchte, ihn hinunterzukomplimentieren.

Nachdem wir das Problem in Augenschein genommen hatten, hielten wir Abstand und zogen uns zurück. Aggressive Hilfe hätte das Junge nur noch höher auf das Dach getrieben und es ihm noch schwerer gemacht, wieder hinunter zu gelangen. Wir warteten und schauten, während das Junge die Sache noch einmal durchdachte. Ich erinnerte mich bei dieser Gelegenheit daran, das ich einmal etwas über eine Familie gelesen hatte, die versuchte, ein Junges zu adoptieren und mit ins Haus zu nehmen. Es funktionierte nicht, weil das Junge ständig irgendetwas anstellte, zerbrach, zerstreute und zerriss. Es war so, als hätten sie ein zweijähriges Kind mit Superkräften, das jeden Tag das Haus auf den Kopf stellte. Wenn ich Pig so beobachtete, konnte ich mir vorstellen, welch einen Albtraum die Familie durchgemacht haben musste. Mir schauderte bei dem Gedanken.

»Was ist los?«, fragte Patti.

Ich erzählte ihr, woran ich gerade gedacht hatte – wie eine Familie versucht hatte, ein Junges zu adoptieren.

»*Das* werden wir nicht ausprobieren«, kam prompt ihre Antwort.

Pig klammerte sich noch weitere 15 Minuten an die Schindeln, bevor seine Mutter ein paar geheimnisvolle Bärenworte sprach, und er sich anschickte, vom Dach hinunter zu ihr zu klettern. Als er sich in Bewegung setzte, gewann er mehr und mehr Vertrauen in seine Balance, und die Verzweiflung wich aus seinen Bewegungen. Er erreichte die Kante des Daches, die etwa 4,5 Meter über der Veranda lag, und tastete sich dann vorsichtig zu der Stelle hinunter, wo das Dach genau über der Ecke des Geländers endete. Er rutschte auf das Geländer, ließ sich auf die Bank plumpsen und galoppierte zum Futterkasten hinüber, wo er Pen zur Seite schob und sein Mittagessen zu verschlingen begann.

»Sah ja gar nicht so kompliziert aus«, bemerkte ich. »Da können wir nur hoffen, dass er jetzt nicht öfter auf die Idee kommt, dort hinaufzuklettern.«

Glücklicherweise hatte er damit seinen ersten und letzten Ausflug auf das Dach beendet. Wir sahen nie wieder einen anderen Bären dort oben, ihn eingeschlossen, was sehr beruhigend war. Es musste irgendeinen Reiz für ihn gehabt haben, auf den Dachfirst zu klettern, und wir fragten uns oft, warum er auf die Idee gekommen war, es zu versuchen.

Wenn ich auf den Sommer 1995 zurückblicke, fällt mir ein berühmtes Zitat von Dickens ein: »Es waren die besten Zeiten, und es waren die schlimmsten Zeiten.«

In der Redaktion lief alles gut, und zu Hause waren die Bärenmütter und ihre Jungen regelmäßige Gesellschaft. Doch weit weg, in Oregon, litt Pattis Vater Alex an einer noch unerforschten Art von Krebs. Wir flogen über den 4. Juli, den Unabhängigkeitstag, auf einen Besuch hinüber und zeigten ihm Fotos und ein Videoband von der Bärin, die er so sehr liebte. Nachdem er das Filmmaterial gesehen hatte, standen ihm Tränen in den Augen.

»Es tut mir Leid für Little Bit«, sagte er. »Sie wird in Zukunft keine Spezialsendungen mit meinen Mandeln mehr bekommen.«

Wir wollten seinen Worten widersprechen, aber sie waren prophetisch. Er starb innerhalb eines Monats. Als der Anruf mit der Nachricht von seinem Tod kam, war ich gerade zu einem Spaziergang mit unserer Hündin Sheba die Auffahrt hinunter aufgebrochen. Also ging Patti auf die Veranda hinaus, wo Little Bit saß, und schmiegte sich an das große Bündel aus Fell.

Als ich ins Wohnzimmer trat, sah ich Patti draußen. Ich ging hinaus und setzte mich hin. Ihre Arme waren um den Hals der Bärin geschlungen, und sie schluchzte mit geschlossenen Augen.

»Was ist passiert?«, fragte ich ruhig.

»Vater ist gestorben«, kamen ihre Worte gedämpft unter Little Bits Fell hervor. »Ich habe gerade den Anruf erhalten.« Sie saß noch eine halbe Minute mit dem Bär da, dann lehnte Little Bit ihren riesigen Kopf gegen den von Patti. Ich wusste, sie verstand nichts von dem, was vor sich ging, aber sie fühlte etwas und reagierte darauf. Es war ein besonderer Augenblick in einer Zeit der Trauer, ein Augenblick, den ich nie vergessen werde.

Wir waren bei der letzten Schüssel mit Mandeln von der Westküste angelangt. Wir stellten sicher, dass Little Bit den ganzen Rest bekam, so, wie Pattis Vater es sich gewünscht hätte.

Little Bits Lieblingsspeise: Mandeln aus Kalifornien.

Kurz danach machten Little Bit und ihre Kleinen sich zu einem, wie wir dachten, weiteren zwei- oder dreitägigen Besuch zu den Beerengebieten auf. Ihr Ausflug zog sich über mehrere Tage hin, und wir beobachteten voller Entsetzen, dass die Jagdsaison näher rückte. Nach einer Woche hatten wir den 1. September und somit die Eröffnung der Bärenjagd. Noch immer war von ihnen nichts zu sehen.

»Ich halte das nicht länger aus«, sagte Patti. »Könnten wir nicht das Gebiet abfahren und wenigstens in den Beerengebieten schauen, die wir kennen?«

Ich nickte. »Natürlich. Ich weiß zwar nicht, ob es irgendeine Hoffnung gibt, sie zu finden, aber wir können nachschauen. Morgen ist Samstag. Wenn sie heute Nacht nicht auftaucht, fahren wir gleich morgen früh los.« Am Abend oder in den frühen Morgenstunden war immer noch nichts von Little Bit oder den

Jungen zu sehen. Es waren jedoch Gewehrschüsse zu hören, und das verstärkte unseren Vorsatz, unsere eigensinnige Bärin zu finden.

Die Suche führte uns nach Norden, wo wir zuerst auf einer alten Holzfällerstraße fuhren, die zum Bach führte, und dann hinüber zu den Beerenpflückgebieten wanderten, die wir westlich von dort kannten. Doch die Gebiete waren verlassen. Keine Beeren, keine Jäger – und keine Bären. Die Blaubeerblätter zerbröselten in unseren Händen zu Staub.

Für die Bären war es eine Zeit schrecklichen Hungerleidens. Für die Jäger mit ihren verlockenden Ködern leichte Beute. In jenem Herbst wurden im Cook County 270 Bären getötet. Es war ein höllisches Gemetzel.

An jenem Wochenende setzten wir unsere Streifzüge über die Nebenstraßen fort, aber wir sahen keine Bären und nur ein paar Jägerquartiere. Glücklicherweise lagen sie mehrere Kilometer entfernt und wir hofften, dass Little Bit sich viel näher in unserer Umgebung aufhalten würde, wenn sie noch am Leben war. Doch wir konnten sie nicht finden, und sie kehrte auch nicht zurück. Wir baten unsere Nachbarn, genauestens nach ihr Ausschau zu halten, doch auch da war nichts. Sie und die Jungen waren einfach verschwunden.

Die Tage vergingen. Wir hörten praktisch jeden Morgen und jeden Abend Gewehrschüsse. Schließlich, nach 14 Tagen, als wir beide mit den Nerven am Ende waren, ging Patti auf die rückwärtige Veranda hinaus. Sie ballte ihre Fäuste, schaute zum westlichen Horizont hinüber und rief: »Gott, hör mich bitte an. Lass das nicht geschehen! Mein Vater ist bei Dir, aber bitte, bitte nimm mir bitte nicht auch noch Little Bit. Das ist zu viel verlangt. Lass sie bitte zurückkommen. Ich weiß, dass Du zuhörst. Vielen Dank.«

Nun, dachte ich, wenn Gott je ein Gebet erhört hatte, so musste Er dieses erhören. Doch immerhin waren bereits 14 Tage vergangen. Wenn Little Bit zurückkommen würde, dann hätte sie es mittlerweile getan. Ich schloss meine Frau in meine Arme und mir schossen Tränen in die Augen. Ich war stolz auf ihren Mut und ihre Entschlossenheit demgegenüber, was ich in Gedanken als lange währende Unsicherheit auf uns zukommen sah.

Wir gingen hinein, um unser Abendessen vorzubereiten. Keine zehn Minuten später kam Little Bit gefolgt von Winnie und Puh auf die Veranda spaziert. Sie kam herüber und schaute durch die Glasschiebetür, so als wollte sie sagen: »Also, du hast gerufen, und hier bin ich.«

Wir waren so erleichtert, sie zu sehen, dass es uns nicht einmal in den Sinn kam zu registrieren, ob sie in irgendeiner Form verändert aussah. Wir nahmen an, dass sie etwas zu fressen gefunden hatten, wobei sie dem Spießrutenlaufen mit den Bärenjägern und ihren Versuchungen irgendwie entgangen waren. Wir kramten all unsere verborgenen Leckereien, wie Honig und Kondensmilch, heraus, und das verlorene Trio wurde festlich bewirtet.

Septemberregen

Die zweite Woche im September brachte den ersehnten Regen, der den ganzen Sommer über ausgeblieben war. Er durchnässte und durchtränkte die noch schwelenden Wurzeln und setzte die in den vom Blitz getroffenen Stümpfen noch schwelende Glut unter Wasser.

Die Waldbrände erloschen, die Mannschaften zogen ab, und sogar die Einsatzzentrale brach ihre Zelte ab. Es war ein harter, heißer Sommer gewesen, und der kalte Regen war ein unmissverständliches Zeichen für sein Ende.

Little Bit und ihre Jungen, die wegen ihres Fettpolsters und ihres langen Felles mittlerweile genauso breit wie hoch aussahen, hielten sich nach ihrer rätselhaften zweiwöchigen Abwesenheit dicht in der Nähe des Hauses auf. Der Stoffwechsel von Little Bit verlangsamte sich, als die Zeit für den Winterschlaf näher rückte, aber die Jungen waren immer noch voller Energie und hielten sie in Bewegung.

Zu später Nachmittagsstunde schafften die Jungen es einmal, den fast leeren Futterkasten von der Kante der Veranda zu stoßen, nachdem sie ihn hin- und hergezerrt hatten. »Das habt ihr phantastisch gemacht«, sagte Patti. Sie stand auf und ging zur Treppe, um den Kasten wieder heraufzuholen.

Winnie schaute über die Kante, um den Kasten zu beobachten, während seine Schwester sich umdrehte und entlang dem Geländer nach Sonnenblumenkernen suchte. Ich stand auf, um für eine Minute ins Haus zu gehen, und gleichzeitig erhob sich Little Bit und schlenderte herüber, um Patti unten zu beobachten.

Soeben war der Nachmittag noch ruhig und entspannt gewesen, doch im nächsten Augenblick entstand explosionsartige Aufregung. Die Ereignisse überschlugen sich derart rasch, dass ich im Nachhinein nicht mehr mit eindeutiger Sicherheit sagen könnte, in welcher Reihenfolge sie stattgefunden hatten. Als Patti im Gebüsch unter der Veranda verschwand, um den Futterkasten herauszuholen, glitt nicht weiter als drei Meter entfernt ein großer männlicher Bär lautlos hinter ihr aus dem Gebüsch hervor. Zuerst bemerkte sie nur, wie Little Bit die Stufen heruntersauste.

Sie schaute auf und wollte gerade so etwas sagen wie: »Hey, was ist denn hier los?«, doch nach dem »Hey« blieb ihr der Rest im Halse stecken – in dem Moment traf Little Bit den großen Bären mit voller Breitseite. Der Bär brüllte auf, als er seinen festen Halt verlor, und lief von einer wilden Little Bit flankiert den Abhang hinunter.

Patti war sprachlos, als sie die taumelnden Bären vorbeikommen sah. Die Zähne von Little Bit packten die Schulter des großen Männchens. Er versuchte zurückzuschlagen, aber sie ließ nicht locker und drängte ihn weiter den Rasen hinunter. Verzweifelt drehte er sich um und floh in Richtung Bach, wobei Little Bit wütend nach seiner Hüfte schnappte. Er platschte durch das Wasser und tauchte auf der anderen Seite in die Wand aus bereits goldgelben Blättern ein. Little Bit ließ ihn nun dahinziehen. Sie stand für ein paar Sekunden im Bach, horchte ihm nach und trottete dann über den Rasen zurück in einer Gangart, dass man meinen könnte, sie hätte sich seit Wochen nicht schneller als eine Schildkröte fortbewegt.

Patti wartete unten, legte dann einen Arm um Little Bit und untersuchte sie auf Bisswunden. »Little Bit, du erstaunst mich. Wie machst du das bloß immer wieder?«

»Unglaublich«, stimmte ich kopfschüttelnd zu.

Irgendwie hatte Little Bit den herannahenden Bären gerochen oder gehört. Dann, als er erschien, hatte sie einfach instinktiv reagiert, um Patti zu beschützen. Wir wissen nicht, ob der Bär eine böse Absicht verfolgte oder irgendeine Gefahr dargestellt hätte. Wir nehmen das nicht an, aber Little Bit ging kein Risiko ein.

Zwei Jahre früher hatten wir sie als ängstlich und unsicher bezeichnet. Nun, nachdem sie Honey attackiert und dieses Männchen vertrieben hatte, schien sie alles andere als ängstlich zu sein, obwohl sie in unserer Gegenwart vollkommen friedlich und umgänglich war. Sie war einfach zu einer selbstbewussten und entschlossenen Bärenmutter herangereift.

Was Patti anbelangt, so kam sie die Treppe hinauf und hatte eine Hand aufs Herz gelegt. »Gerade wenn du meinst, dass du die Bären verstehst, dann überraschen sie dich.« Sie atmete mehrere Male tief durch und setzte sich. Kopfschüttelnd schaute sie die nun seelenruhige Little Bit an. »Was für eine Bärin! Sie beschützte mich wie eines ihrer Jungen.«

Wir werden nie wissen, was sie in jenem besonderen Augenblick motivierte. Vielleicht hatte sie nur an die Jungen auf der Veranda gedacht. Doch irgendwie denke ich, das mehr dahinter steckte. Little Bit dachte, dass Patti Hilfe benötigte, und reagierte entsprechend. Wir sind nie über die Überraschung jenes Augenblicks hinweggekommen und wir werden es sicher auch nie. In dieser einen mutigen Aktion hat sie sich für immer in unserem Kopf und in unserem Herzen eingeprägt.

Mitte September, nachdem es spätabends noch mehrere verfahrene Situationen mit Big Mama und ihren Jungen gegeben hatte, verlegte Little Bit den Schauplatz ihrer abendlichen Besuche auf den Hof vor dem Haus. Sie schien zu wissen, dass es mit dem Kürzerwerden der Tage auf der rückwärtigen Veranda nach Einbruch der Dunkelheit häufiger zu Zusammenstössen kommen würde. So ging sie eines Abends auf den Hof vor dem Haus und begann dort, mit ihren Jungen unter der Lärche zu spielen. Wir brachten eine Schale voller Sonnenblumenkerne und etwas Milch hinaus, und nachdem sie sich gütlich getan hatten, schienen sie und die Jungen mit ihrem neuen Aufenthaltsort zufrieden zu sein.

Uns war diese Entwicklung nur recht, denn es war für alle Beteiligten doch etwas stressig, jeden Abend für mindestens eine halbe Stunde lang zwei Mütter und vier Junge zu entwirren. Nun, da Little Bit ihren Standort gewechselt hatte, konnten sie und Winnie und Puh sich im Lichte des Hofes rekeln, während Big Mama und ihre Schützlinge sich auf der rückwärtigen Veranda vergnügten.

Erstaunlicherweise nutzte Little Bit den vorderen Hof nur am Abend als Aufenthaltsort. Bei Tageslicht lag sie nach wie vor auf der rückwärtigen Veranda. Diese Entdeckung machten wir, als wir an einem Tag um die Mittagszeit heimkamen, um zu sehen, wie der Schreiner mit seiner Arbeit an dem Bücherschrank vorankam, den er für uns als Raumteiler konstruierte. Wir kamen gerade nach Hause, als er und sein Helfer Mittagspause machten. Sie hatten sich zwei Schaukelstühle im Wohnzimmer zum Fenster gedreht und genossen eine Show mit Little Bit und ihren zwei Jungen in der Hauptrolle auf der rückwärtigen Veranda, während sie im Wohnzimmer ihre Butterbrote verzehrten.

Das neue Arrangement funktionierte gut, denn am Tag hatte Honey es sich nun zur Gewohnheit gemacht, ihre Zeit vor dem

Haus unter dem Kirschbaum zu verbringen, wo sie Kerne fand. Nach Sonnenuntergang war sie nie da, was sich in die Gewohnheit von Little Bit einfügte. Die beiden Weibchen mochten ihre gegenseitige Anwesenheit auf dem vorderen Rasen gerochen haben, aber dies schien nicht weiter wichtig zu sein, solange sie den Platz nicht zu teilen brauchten.

Die Bären kamen langsam dem alljährlichen Countdown zum Winterschlaf näher, bewegten sich mit jedem Tag langsamer und aßen immer weniger. Da sie wild und auf ihre eigene innere Uhr geeicht waren, konnten wir nie wissen, wann sie uns verlassen würden. In der Tat dauerte es stets mehrere Tage, bis wir erkannten, dass sie wirklich ihren Winterschlaf angetreten hatten und nicht nur in der Landschaft umherwanderten. Im Laufe der Jahre bemerkten wir einige Male, dass sie bereits einen oder zwei Tage geschlafen hatten, bevor sie wieder erwacht und zum Haus zurückgekehrt waren. Das verräterische Merkmal war ein Gewirr aus grünem Farn, der sich durch ihren Pelz zog.

Big Mama und ihre Jungen kamen das letzte Mal am 18. September auf die Veranda. Wir wussten nicht, was passiert war, wir wussten nur, dass sie verschwunden waren. Irgendwie war es überraschend, denn Big Mama trat ihren Winterschlaf in der Regel nicht so früh an.

Dann erzählte unter den Kollegen jemand, er habe gehört, dass eine Bärenmutter mit ihren zwei Jungen von einem Jäger in der Nähe der Starkstromleitung einige Kilometer östlich von unserem Haus entfernt erschossen worden sei. Ich fragte, wann das geschehen sei, aber er sagte, dass wüsste er nicht. Ich fragte, was mit den Jungen geschehen sei, aber das wusste er auch nicht.

Es war die Art Gerüchte, die ich fürchtete. Ich ging in mein Büro, setzte mich und fühlte mich physisch krank bei dieser

Winnie, Puh und ich, drei Pummelchen.

Nachricht. Little Bit konnte es nicht gewesen sein, doch es konnte sich selbstverständlich um Big Mama mit ihren zwei Jungen handeln. Natürlich wusste niemand, wie lange dieses Gerücht bereits kursierte. Diese Geschichten werden ja immer und immer wieder erzählt und machen ein paar Mal die Runde, bevor sie dann schließlich in Vergessenheit geraten. Trotzdem hatte ich ein ungutes Gefühl, umso mehr, als Big Mama so plötzlich aufgebrochen war, mindestens eine Woche oder zehn Tage vor ihrem bis dahin üblichen Termin.

Wir verbrachten einen langen und anstrengenden Tag damit, an allen möglichen Aufenthaltsorten für Bärenmütter mit ihren Jungen zu schauen. Es war die Art Suche, die selten Erfolg verspricht, einem jedoch das Gefühl gibt, nicht ganz so unnütz zu sein, wenigstens einen Versuch gestartet zu haben. Unsere Suche brachte uns wie erwartet keinen Schritt weiter. Wir fanden auch kein Anzeichen von Bärenjägern, obwohl angesichts der Waldhuhnsaison an den meisten Tagen regelmäßig Gewehrschüsse um uns herum zu hören waren. Die zahlreichen Vogeljäger verursachten häufig ein Ende der Bärenjagd, da ihre Anwesenheit in den Wäldern die Bemühungen rund um die Bärenköder behinderte und die Bären außerdem auf der Hut sein ließ.

Little Bit und ihre Familie blieben noch. Wäre sie allein gewesen, hätte sie sich früher zu ihrem Winterschlafquartier aufgemacht, aber durch die Jungen verzögerte sich das Unvermeidbare. Sie schienen so voller Energie zu sein, wie eh und je. An einem Tag Ende des Monats saßen Patti und ich auf der Veranda, als sie durch den Bach geplatscht kamen und über den Rasen tollten.

Patti lachte laut auf. »Sie sehen wie ein paar Kinder auf dem Weg zu ihrer Großmutter aus, wo ein paar Leckerbissen auf sie warten.«

Ich nickte und bestätigte, dass diese Beschreibung vollkommen zutraf. »Schau dir Little Bit an. Sie bewegt sich in Zeitlupe. Sie kann nicht einmal mehr Schritt halten.« An jenem Tag und an den meisten der noch verbleibenden Tage aß Little Bit nichts. Sie schien nicht einmal die Energie verschwenden zu wollen, die für das Erklimmen der Treppenstufen zur Veranda erforderlich war. Sie legte sich auf die tiefer gelegene Veranda und hielt sich dort außer Sichtweite auf.

Patti brachte ihr eine Schale mit Sonnenblumenkernen, aber Little Bit zeigte kein Interesse. Sie genehmigte sich einige handgefütterte Mandeln aber nicht mehr. Dann war sie zufrieden, wenn sie sich wie ein großer Hund ausstreckte und sich in der Sonne aalte; Patti und mich engagierte sie als Babysitter.

Winnie und Puh hatten ein Maximum an Fett angesetzt, fraßen jedoch immer noch weiter, als wären sie am Verhungern. Sie wurden von einem mächtigen Hunger angetrieben, der für die Bären im September typisch war. Er überkam sie gerade zu einer Zeit, in der die heimischen Vorräte aufgebraucht waren, und ver-

Little Bit faulenzt auf der unteren Veranda.

anlasste sie auf der Suche nach Nahrung zu weiten Wanderungen, wodurch sie sogar kurz vor dem Winterschlaf an Gewicht verloren.

An jenem Abend bezog Little Bit unter ihrer Lieblingslärche vor dem Haus Stellung. Es war ein ruhiger, insektenloser Abend, und so zogen Patti und ich unsere Jacken an und gingen hinaus, um uns eine Weile zu ihr auf den Rasen zu gesellen. Dort saßen wir wie drei alte Freunde, während die Jungen in der Nähe spielten und sich wie Trapezkünstler auf den unteren Ästen der Lärche hin und her schwangen.

Das Hoflicht beschien uns in der Dämmerung und tauchte uns in einen stumpfen weißen und grünlichen Glanz. Puh kam herüber und kuschelte sich ruhig an die Seite ihrer Mutter. Winnie erkundete das Gebüsch gleich jenseits der Rasenfläche. Die Zeit verging, und die Dunkelheit hüllte die Wälder ein. Schließlich stand Little Bit langsam auf und, ohne noch einmal zurückzuschauen, schritt sie im Dunkel aus dem Lichtkegel hinaus. Die Jungen schlossen sich ihr an und verschwanden in der Dunkelheit. Ich fragte mich, ob unsere Freunde sich zu ihrem Winterquartier aufmachten.

Dieser Frage ging ich drei aufeinander folgenden Abenden nach, doch als Little Bit und ihre kleine Gesellschaft jeden Abend wieder zurückkamen, hörte ich auf, darüber nachzudenken. Irgendwie hielten die Jungen ihre Mutter wach und auf den Beinen. Jeden Tag kam und verschwand das Trio zwei- oder dreimal und blieb am Ende bis in die Dunkelheit hinein.

Der späte September war auch in anderer Hinsicht eine goldene Zeit. Nachdem der Regen aufgehört hatte, war das Wetter wieder sonnig, frisch und angenehm. Little Bit und ihre Jungen tauchten immer wieder auf und leisteten uns am Abend Gesellschaft. Die Touristensaison hatte ihren Höhepunkt überschritten

Winnie und Puh mit Little Bit unter der Lärche.

Wohlgenährt und mit dichtem Pelz geht es in den Winterschlaf.

und war zu Ende. Die Bachforellen bissen an. Es waren geschenkte Tage.

Am 28. September schauten wir hinaus und sahen Little Bit auf der rückwärtigen Veranda sitzen. Ihre Schnauze, der obere Teil ihres Kopfes und ihre vorderen Tatzen waren reichlich mit rostfarbener Erde bedeckt. Sie hatte gegraben. »Langsam fertig, was?«, sagte ich und streckte ihr eine kleine Hand voll mit Mandeln hin. Das war die einzige Nahrung, die wir sie seit über einer Woche zu sich nehmen sahen.

Sie und Winnie und Puh blieben für einige Stunden auf der Veranda. Wir gingen hinaus und setzten uns so lange zu ihnen, bis sie aufbrachen. Am späten Nachmittag stand Little Bit auf, ging die Stufen hinunter und machte sich über den Rasen auf den Weg. Puh blieb dicht bei ihrer Mutter, und Winnie bildete den Schluss. Als sie den Bach erreichte, blieb Little Bit stehen, um auf Winnie zu warten, und drehte sich herum, um für einen kurzen Moment zurückzublicken. Patti flüsterte: »Geh mit Gott, Little Bit.« Dann führte Little Bit die Jungen durch das steinige Flussbett und in die schattigen Wälder hinauf. Wir hörten sie noch einige Sekunden lang. Dann waren sie verschwunden.

Später in jenem Herbst, als alle Bären ihren Winterschlaf angetreten hatten, schrieben Patti und ich jeder ein paar Kolumnen über unsere sommerlichen Abenteuer mit Little Bit, Big Mama und allen Jungen. Wir vermieden es stets, bereits im Juli, August oder September solche Geschichten zu veröffentlichen, weil wir uns Sorgen machten, dass irgendein eifriger Jäger dadurch in Versuchung geraten könnte, um unser Grundstück herum Bärenköder aufzustellen. Es war besser, wir erinnerten sie nicht daran, dass bei uns Bären anzutreffen waren.

Wie immer erhielten wir auf unsere Geschichten eine Menge

Ein Familienporträt.

positiver Briefe. Einige Leser brachten auch Fotos vorbei, von denen einige ganz beachtlich waren. Eines trug den passenden Titel »Bär auf einem Fahrrad«, und ein anderes zeigte einen Bären, der ein Kleid zu tragen und aufrecht zu stehen schien. Tatsächlich hatte der Bär sich zufällig genau hinter einem Kleid auf einer Wäscheleine aufgerichtet. Was den Bären auf dem Fahrrad betrifft, so war es ein Junges, das auf dem Sitz eines Fahrrades stand, dass an einem Baum lehnte, doch der Effekt war der eines radelnden Bären. Wir veröffentlichten solche Fotos mit einigen der unseren in der Zeitung, und sie kamen gut an. Ich glaube ernsthaft, dass Bären den Menschen so faszinieren, weil viele verschiedene Beschreibungen auf sie zutreffen, angefangen vom riesigen, kraftvollen Tier bis hin zum pummeligen Spaßmacher.

Gegen Mitte Herbst kehrte wie immer das Rotwild ein. Und

212

als der Schnee sich im November langsam auftürmte, wanderten sie über den Winter zum Lake Superior.

So weit wir uns erinnerten, war dies der längste und kälteste Winter, und die Aufzeichnungen bestätigten das. Ende Januar lag der Schnee mannshoch die ganze Auffahrt entlang, ein eisiges Monument dessen, was sich als die kälteste Periode erweisen sollte, die ich während all meiner Winter im Nordwesten Minnesotas erlebt hatte. An fünf aufeinander folgenden Tagen zeigte das Thermometer morgens auf der Veranda – 41, – 41, – 42, – 37 und – 42°C. In dieser Zeit wurde in Minnesota 130 Kilometer westlich von uns ein Rekordminus von – 51°C abgelesen.

Wussten Sie, dass Sie bei – 40°C eine Tasse heißen Kaffee in die Luft werfen können, der dann gefriert und als eisiger Staub auf den Boden fällt? Es ist wahr. Während dieser bitterkalten Zeit ertappte ich mich oft dabei, wie ich an Little Bit und ihre Jungen dachte und hoffte, dass sie sich an einem warmen Ort unter dem Schnee in Sicherheit befanden.

In einer dieser kalten Nächte saßen Patti und ich vor einem hell flackernden Feuer und dachten an einige der verrückten Ereignisse aus den vergangenen Jahren zurück.

Wir lachten über die Nacht, in der eine Fledermaus in unser Haus geflogen war und Patti dazu gebracht hatte, sich in einem Wandschrank zu verstecken. Sie konnte mit Bären umgehen, aber nicht mit Fledermäusen.

Wir folgten den Handlungsanweisungen, die wir einmal irgendwo gelesen hatten, und knipsten alle Lichter aus, öffneten die hintere Glasschiebetür und erleuchteten die Veranda. Theoretisch hätte dies dazu führen sollen, dass die Fledermaus durch die offene Tür hinausflog.

In jener Nacht aber zog diese Verfahrensweise einfach nur einen freundlichen Bären an. Nachdem ich mehrere Minuten lang gewartet hatte, dass die Fledermaus nach draußen entwischte, schaute ich zu der offenen Tür hinüber und war entsetzt, als ich Scar dort stehen sah, der mehr in als vor der Tür und somit im Haus stand, wobei er seine persönliche Horde von mehreren hundert Moskitos mit sich führte.

Obwohl es keiner großen Anstrengung bedurfte, ihn von der Türschwelle zu bekommen, funktionierte der Fledermaus-Verlagerungsplan letztendlich nicht, und Patti und ich waren danach noch tagelang damit beschäftigt, tote Moskitos zu entsorgen. Die Fledermaus muss einen Geheimausgang gehabt haben, denn wir sahen sie nie wieder.

Und dann war da noch die Geschichte von Skinny und Ramah, die sich an einem warmen Sommertag, als das Haus offen stand, Nase an Nase an der Fliegengittertür begegneten. Ramah war zu jener Zeit alt und durch nichts zu erschüttern; ihre Augen waren nicht mehr die Besten, und ich glaube, sie war durch den großen Bären auf der anderen Seite nicht im Geringsten beunruhigt. Was Skinny angeht, so schnüffelte er lediglich eine Weile herum und wanderte dann weiter.

Nachdem wir an jenem Abend mehrere dieser Erinnerungen austauschten, kamen wir übereinstimmend zu dem Schluss, dass unsere schönsten Erinnerungen an das Leben in den Wäldern mit Bären zu tun hatten.

Mitte Mai, als normalerweise der Schnee und das Eis geschmolzen waren und die Angelsaison begann, herrschte immer noch tiefer Winter. Die Wälder lagen unter einer bis zu 60 Zentimeter dicken Schneedecke. Am Samstag des Angelsaisonbeginns war nicht ein einziger See im Cook County eisfrei. Es machten sich dennoch viele unerschütterliche Angler zum Eisangeln auf. Angeblich war das Eis an den meisten Orten vollkommen sicher.

Ende Mai schließlich war fast der ganze Schnee und auch das Eis geschmolzen und die Bäume begannen auszuschlagen. Das Rotwild kam wieder den Berg hinauf. Die Enten, sowohl Wald- als auch Stockenten, kehrten an ihre steinigen Plätze entlang des Bachufers zurück und überlisteten das Wild, um zu ihrem Kornanteil zu gelangen.

Aber es waren keine Bären zu sehen. Nicht einen einzigen Bären sahen wir im Mai. Es hatte den Anschein, als seien sie einfach von der Bildfläche verschwunden. Natürlich führten wir das auf den extrem späten Frühling zurück. Sogar in anderen Jahren kehrten die Mütter mit ihren Jungen in der Regel nicht vor Ende Mai oder Anfang Juni zurück. In diesem Jahr hatte sich der Wechsel der Jahreszeiten um gut zwei, drei Wochen nach hinten verschoben.

Doch das Wissen, dass die Bären in diesem Jahr natürlich später als gewöhnlich eintreffen würden auf der einen Seite, und das Erleben eines bärenlosen Tages nach dem anderen auf der anderen Seite, waren zwei völlig verschiedene Paar Schuhe. Der 5. Juni verging, dann der 10. Juni. Und immer noch keine Bären in Sicht. An jenem Abend saßen Patti und ich allein auf unserer Veranda.

»Was meinst du?«, fragte sie.

»Ich glaube, wir müssen noch etwas Geduld haben«, erwiderte ich. »Ihr Zeitplan kann durcheinander geraten sein. Ich möchte mir nicht schon Sorgen machen, wenn sie jetzt jeden Augenblick zurückkehren können.«

»Ich kann nichts dafür. Dieses Mal habe ich ein wirklich schlechtes Gefühl.«

Ich nickte und teilte dieselbe Befürchtung, aber ich war nicht fähig, sie mir einzugestehen.

Am darauf folgenden Tag kam unser erster Bär an, ein Jährling. Es dauerte nur wenige Minuten und wir identifizierten ihn als Big Mamas aggressives männliches Junges Pig. Er verweilte in der Nähe und Patti gab ihm Sonnenblumenkerne.

»Das ist Nummer eins«, sagte ich, hielt meinen Zeigefinger hoch und hoffte, dass ich zuversichtlich klang.

»Wo ist dann Big Mama?«, fragte Patti. »Hat sie sich jemals zuvor von ihren Jährlingen getrennt, ohne sie vorher zurückzubringen? Nein, das hat sie bisher nie getan.«

Es gab keine Antworten, nur Fragen. Das Junge kam jeden Tag zurück, und am 15. gesellte sich kurz ein zweites Junges hinzu, was vom ersten verscheucht wurde. Wir konnten das Junge Nummer zwei in der kurzen Zeit, in der er oder sie anwesend war, nicht identifizieren.

Um 9.15 Uhr am nächsten Morgen kamen zwei ausgewachsene Bären und drehten eine Runde im Hof. Wir stellten rasch fest, dass es sich bei dem Paar um ein Weibchen und ein Männchen handelte. Das Weibchen kam auf die rückwärtige Veranda hinauf, während das Männchen unten im Gebüsch wartete. Wir setzten unsere Beobachtung fort. Sie erschien uns größer, aber die Augen verrieten sie deutlich. Es musste Big Mama sein. Das bedeutete, dass sie die vorangegangene Jagdsaison doch überstanden und ihre Jungen schon einmal vorausgeschickt hatte, bevor sie selbst zurückkehrte. Sie verbrachte nur wenige Minuten auf der Veranda und ging dann die Stufen hinunter, wo ihr Freund auf sie wartete. Sie glitten durch die Blätter und verschwanden.

Zwei Tage später tauchten zwei Junge auf. Ein Weibchen und ein Männchen, es waren offensichtlich Pig und Pen, Big Mamas Jährlinge. Sie kamen um 14 Uhr an und blieben bis gut in den späten Nachmittag hinein.

An jenem Abend ging ich ins Wohnzimmer, wo Patti in einem Schaukelstuhl saß und hinaus in die untergehende Sonne schaute. Sie hatte geweint.

»Sie wird nicht zurückkommen, nicht wahr?«

»Ich glaube nicht«, erwiderte ich. »Meine Güte, ist das hart.«

»Ich habe sie so sehr geliebt«, sagte sie.

Wir hielten einander für mehrere Minuten fest, und ich konnte fühlen, wie Patti schluchzte. Es gab nichts, was ich noch sagen konnte.

Nach sechs Sommern mit uns war Little Bit verschwunden.

Epilog

Obwohl wir die Tatsache akzeptierten, dass Little Bit für immer gegangen war, konnten wir die Hoffnung nicht wirklich aufgeben. Wir hielten Ausschau und warteten, rannten bei jedem Geräusch zum Fenster oder zur Tür und sahen bei jeder Gelegenheit hinaus, aber es gab nie mehr ein Zeichen von ihr. Weder sie noch ihre Jungen kamen jemals zurück.

Da es wilde Tiere sind, gibt es keine Möglichkeit zu erfahren, was aus ihnen geworden ist. Wir sind ziemlich sicher, dass sie im Herbst erfolgreich ihren Winterschlaf angetreten haben. Aber vielleicht war der schreckliche Winter zu viel für sie gewesen. Vielleicht waren sie auch im Frühling auf dem Rückweg zu unserem Haus in Schwierigkeiten geraten. Die Wildnis kann ein gefährlicher Ort sein, auch für einen Bären.

Es ist unwahrscheinlich, dass Little Bit im Frühling aufgewacht ist und sich für einen anderen Weg entschieden hat, der sie von einem Leben mit uns wegführte, doch vielleicht hat sie irgendwie überlebt und ist immer noch dort draußen und zieht in einem entfernten Teil des Waldes ihre Babys auf. Es gibt immer noch das Aufflackern eines schwachen Hoffnungsschimmers.

Im späten Juni kam Honey zurück und brachte uns ihre beiden wunderschönen kleinen Jungen mit. Mehrere Tage lang stellten wir Sonnenblumenkerne hinaus. Sie war eine scheue

Honey mit ihren zwei Jungen.

Bärin, aber sie schien eine gute Mutter zu sein. Wie Little Bit und Big Mama vertraute auch sie uns mit ihren Babys.

Doch der Funke, den Little Bit in unseren Herzen entzündet hatte, war erloschen und hatte auch unseren Enthusiasmus mit sich genommen. Wir redeten über unsere Gefühle, vergossen noch mehr Tränen und stimmten widerstrebend überein, dass eine Ära zu Ende gegangen war. Unsere Bärensommer hatten ihr Ende gefunden.

Wir stellten nicht länger Sonnenblumenkerne hinaus, und gegen Mitte Juli waren die Jährlinge und Honey mit ihren Jungen langsam in die Wälder zurückgekehrt.

Die Bären wandern weiterhin am Elbow Creek entlang, so, wie sie es immer getan haben. Bei einigen mag die Überquerung an dieser Stelle Erinnerungen an jene sorgenfreien Tage wieder aufflackern lassen, die sie auf unserem Rasen oder auf unserer

Veranda verbracht haben. Bei anderen wird das unverwechselbare Erbe von Little Bit oder Big Mama immer noch eine Rolle spielen bei der Entwicklung ihrer Persönlichkeit.

Keine dieser Erfahrungen wäre ohne Little Bit möglich gewesen, die als ein freundlicher Jährling kam und blieb, um die ganze Fülle ihres Lebens mit uns zu teilen. Durch sie kamen Skinny, Scar, Big Mama, Pretty Boy, Sarge, Honey, Napoleon, Miracle, Pig, Pen, Winnie, Puh und viele weitere mit und ohne Namen, jeder von ihnen unverwechselbar und einzigartig.

Obwohl wir, was Zeit und Vertrauen betrifft, viel gegeben haben, um unsere Freundschaft zu den Bären zu entwickeln und zu pflegen, erhielten wir doch im Gegenzug noch viel mehr zurück. Schwarzbären sind intelligente und komplexe Wesen. Dass wir ihr Zutrauen und ihr Vertrauen gewinnen konnten, war ein ganz besonderes Geschenk für uns, das wir immer in Ehren halten werden.

Stammbäume

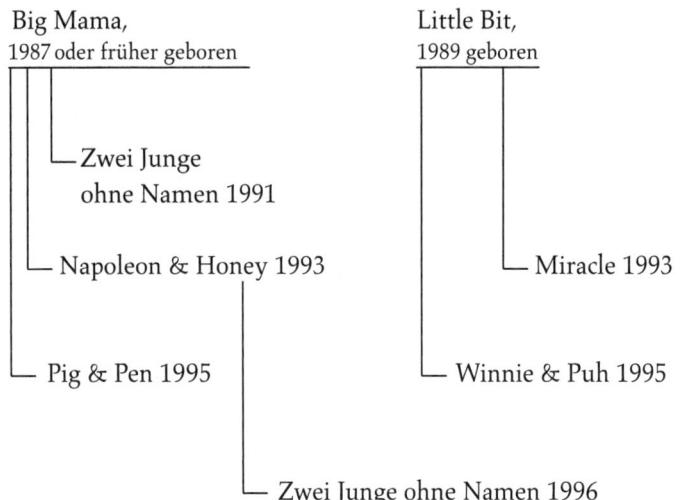

Big Mama,
1987 oder früher geboren

└─ Zwei Junge
    ohne Namen 1991

└─ Napoleon & Honey 1993

└─ Pig & Pen 1995

Little Bit,
1989 geboren

└─ Miracle 1993

└─ Winnie & Puh 1995

└─ Zwei Junge ohne Namen 1996